アイスランド紀行 ふたたび

小林理子 Kobayashi Masako ● 著

彩流社

▲ストロックル間欠泉
高さ30メートルほどまで噴き上げる
（撮影：Sigríður Berglind）

▼オーロラ資料館（レイキャヴィーク）
空いっぱいに広がるオーロラの映像

▲ソゥルヘイマ氷河
付近の火山からの火山灰で
薄黒く汚れている

スコゥガ野外民俗博物館に
再現された昔の家屋▶

▼ブルーラグーン
新しく建ったビルの屋上展望台から
ラグーンを見下ろす

▲グトルフォスの滝に続く川
この川の水は飲めるほどの清流

▲ケリズ火口湖
湖上コンサートが開かれることもある

群生するルピナス▶

▼地球の割れ目「ギャウ」
散策路が整備されている

▲独立記念日（6月17日）に
民族衣装に身を包む女性

▲[上2点] アイスランドは、
シーフードがおいしい
（サーモンのムニエル、
エビのリゾット）

▼養蜂家宅にお邪魔し、味見
させていただいた蜂蜜

▼独立記念日のパレード

‡プロローグ――私たちとアイスランド、四半世紀に及ぶ交友

「今日二人で海沿いを散歩してきてね、大きなカメが泳いでたんだ。カメって日本語でどういう字を書くのかな?」

私は大きな字で亀と書き、

「ここが頭で、甲羅《こうら》があって、で、シッポ」

象形文字なので説明がしやすかった。

「キャハハハッ、おもしろ～い!」

これは、オーストラリア放浪中の忘れられないエピソードのひとつ。安宿のダイニング・キッチンで、婚前旅行中のアイスランド人カップル、ハルパとヘルマンにこうして知り合ったのだ。キッチンで食事を作っていた時、「へえ、お米の美味《おい》しい炊き方ってこうなのね!」とハルパが声をかけてきたのである。

「ハーイ。お国はどこ? 私はアイスランドよ。名前はハルパ」

「私は日本よ。名前はマサコ」

「紹介するわ、私の未来の夫、ヘルマン」

「ナイス・トゥ・ミーチュー」

「ナイス・トゥ・ミーチュー・トゥ」

と挨拶《あいさつ》を交わし、一緒のテーブルで食事をとることになった。そして、冒頭のくだりへと話が弾んだ。二人は英語が母語でないから、ネイティヴでない人を捕まえて雑談がしたかったそうなのである。私は日に焼けたきったない格好をしたアジア人だった。そこに目を付けられたらしい。

　こんな幕開けで私たち三人はすっかり打ち解けた。当初、まさかこんなに長い付き合いの友人になるとは予想だにしなかったが、以来四半世紀にわたり家族ぐるみでの交友が続いている。

　私はその宿に二泊したが、二人はもう翌日には別の場所へ移動することになっていた。お別れ前のバックパッカーの習わし、住所交換を忘れなかった。二人は正式に結婚したらどこに住むかわからないし、私も放浪中の住所不定・無職の身。互いに実家の住所を教え合うことにした。母国に帰って定住場所が決まったら、必ず手紙を書くから、という約束で、その場は残念だったが別れることにした。

そしてオーストラリア大陸放浪も終わり、私は無事帰国した。まずは住み家と職探しである。進路の問題で親子ゲンカが発展し半分勘当《かんどう》の身だったが、どうにか六畳一間+キッチンの安いアパートを借りられた。次に職探し。当時日本はバブルに浮かれ、仕事は売り手市場。ほどなく内定をもらえた。

よかった。なんとか落ち着けた。そうだ、ハルパたちに手紙を書こう。

「私のことを覚えていますか? オーストラリアで一緒の宿に泊まったマサコです」という書き出しだったと思う。家も仕事も決まって順調に暮らしていることなどを書き綴《つづ》り、「お返事ください、楽しみに待っています」と結んだ。

ハルパたちからの返信は素早かった。

「もちろんあなたのことは覚えています。まだ正式には結婚していないけど、そこの住所を教えますね」とあり、互いに連絡が取れたのである。

当時は、Eメールなんて便利なものはなかったから、やり取りは毎度毎度手紙。文通を続けるうち、どんどん仲良くなっていった気がしている。

やがてハルパからのいい知らせ。

「双子を妊娠したの。育児は大変だと思うけど、がんばるわ」

「わー。おめでとう! 元気な赤ちゃんを産んでね」

しばらくして金髪の、どちらがどちらだかわからない双子の赤ちゃんの写真が！

「無事、生まれました。男の子と女の子の双子です。男の子はイングヴィ・ソー、女の子はスーリードゥと名付けました。家事が一気に倍以上に増えて大変だけど、元気だから安心してね」

私も現在の夫と交際中だったので、

「彼ができました。いずれ結婚しようと思っています。いつか二人であなたたちを訪ねたいです」

海も陸も隔ててのおめでとう合戦。そして、絶対来てね、というインビテーション。

双子ちゃんたちが三歳になった一九九六年、私は夫を伴って極北の地、アイスランドへ新婚旅行に行くことにした。

ところがアイスランド行きはプランニングからつまずくことに。当時はガイドブックもなく、旅行会社も詳しい情報を持っていなかった。なんとか「オーロラ紀行アイスランド」という触れ込みのツアーを見つけ参加した。ツアーとはいえ、ほぼすべて自由行動で、首都レイキャヴィークに三泊、巨大温泉ブルーラグーンに一泊という駆け足旅行だった。時期的にはオーロラの出やすい三月初旬。そしてハルパ一家と感動の再会を果たす。

「ウェルカム・トゥ・アイスランド！」の言葉とともに、「キャッ、かわゆい～」と思わ

ず叫んでしまうくらいの、お人形さんみたいな双子ちゃんとも対面。なんて愛らしいんだろう。ヘルマンは、

「せっかく来たのだから素敵なところを案内するよ」と言って、私たちのために4WDのごっついワゴン車をレンタルしてくれていた。

連れていってもらったのは、間欠泉《かんけつせん》ゲイシールとグトルフォスの滝、そしてシンクヴェトリル国立公園。アイスランドで最も人気のある、代表的観光地だった（のちに、この一帯が「ゴールデン・サークル」というところだと知る）。

手つかずの自然が残る北の楽園、という表現がピッタリの、スケールが半端じゃない国だった。地方もぜひ訪問したいな……。絶対、これだけの旅で終わらせたくない……。アイスランドにすっかり魅せられてしまった私は、帰りのフライトの中ですでに再訪を考えていた。

そして新婚旅行から三年後の一九九九年。仕事が少ない時期ならまとまった休みを取ってもいいよ、とパート先の上司に許可をもらい、ひとり、二ヵ月のアイスランド旅行を決行することにした。まだ冬季扱いの四月中旬にアイスランド入りしたのだが、オフシーズンだったため地方のユースホステルは閉鎖しているところがほとんどだった。そこで四月末まで首都レイキャヴィークに滞在し、旅程を練ったり街中を探索したり。そして四月末

からの日本のゴールデンウィークには夫が私を追いかけてきて合流するから、二人の時間を味わおうと、一緒に参加するバスでのデイ・ツアーの手配も済ませておいた。夫が帰国後の五月中旬には地方のユースホステルやバックパッカー向けの宿がオープンするから、二週間の島内一周の旅に出るぞ、と宿の予約もし、レイキャヴィークから時計回りに周遊するざっくりしたプランを立てる。主な訪問地はスティキスホルムル→ボルガネス→ブロンデュオス→エイギルスタディル→セイディスフィヨルドル→ベルネス→ホプン（ヴァトナ氷河）→ヨクールサルロゥン氷河湖→レイキャヴィークに戻ってから改めてブルーラグーン、だ。

二ヵ月のアイスランド旅行から日本に帰国した私は、『アイスランド紀行』を書くことになった。旅日記を紀行書として出版するわけだが、ハルパに相談を持ちかけると「日本じゃ遠すぎて情報が手に入りにくいでしょ。何でもできる限りのお手伝いはするから遠慮なく言ってね」と助っ人を買って出てくれたのだ。私が撮っていなくて必要になった写真や、子供たちの成長ぶりなど、その後の家族の模様についてたくさん手助けをしてもらった。『アイスランド紀行』が出来上がり、日本の書店に並んだ時はすごく喜んでくれた。「日本語が読めなくても写真だけパラパラ見てちょうだい」と添え書きをして一冊プレゼント。それ以外には互いの家族全員のバースデイプレゼントの交換や、クリスマスギフトのやり取り（主に新年のカレンダー）、折を見ての手紙やEメール、国際電話、互いの国のヒット曲のCD交換などでつながってきた。遠く離れていても友情は続くのだ。

そして二〇一四年六月、梅雨の日本を抜け出して、三度目のアイスランド行きを実現。十五年ぶりのアイスランドは、どう変容しているだろうと旅立った。今回はハルパ宅（レイキャヴィーク市内中心部から少し離れた住宅街にある）が宿である。アイスランド人の家庭はどんななのかな？　と期待に胸を膨《ふく》らませた。

旅程は六月十日〜二十日。「独立記念日（六月十七日）前後はイベントが盛りだくさんで見どころがいっぱいよ」と勧められ、このスケジュールとなった。ハルパも幼稚園教諭の仕事があるが、夏休みシーズンということで、比較的休みを取りやすいのだそうだ。オーロラは見られないけれども、夏はアイスランド旅行のベストシーズン。前二回の渡航がオフシーズンだったこともあり、賑わうハイシーズンのアイスランドを見たかったのだ。夫も仕事を休み、二人揃ってアイスランドを目指した。

今回の旅では、有名どころの観光地は再訪したが、時間も限られており、もちろん地方の町や村へは行っていない。本書を書くにあたり、旅人としての目から見たアイスランドというよりは、長年の交友をとおして、アイスランド人の一家庭の様子や生活模様の一場面一場面を切り取って綴るつもりだ。そして、アイスランドの人々の暮らしぶりと同時に、首都レイキャヴィーク周辺の見どころを案内したい。

ここでハルパ一家を紹介しよう。

＊ハルパ (Harpa)

私と仲良しのアイスランド人女性。三児の母（上二人は双子）、四十六歳。その名前は昔のアイスランドの暦《こよみ》からとってつけられたという、しゃれたもの。夏の第一月を意味し七月生まれの彼女にふさわしい素敵な名前だ。日本でいうなら八月生まれの女の子に葉月ちゃんと名付けるのと同じようなものである。教員養成学校卒で幼稚園教諭。自分の子育て時代を振り返りながら、子供たちの指導にあたっている。平日の朝八時～夕方四時の勤務。家に帰るとまだ義務教育中の末娘シグリードゥ・ベルグリンドのママの顔になる。

＊ヘルマン (Hermann)

ハルパの夫、四十八歳。警察学校卒で、元レイキャヴィーク市の警察官の経歴を持つが、現在は自分で

ハルパとヘルマン

起業し、従業員八名ほどの建物解体会社社長。ハルパの良き夫であり、子供たちの良き父である。

＊イングヴィ・ソー (Ingvi Þór)

ハルパとヘルマンの双子の男の子、二十一歳。国立アイスランド大学にて工学エンジニアリング専攻。将来を約束した彼女がいて、円満に交際中。

＊スーリードゥ (Þuríður)

ハルパとヘルマンの双子の女の子、二十一歳。国立農業大学で獣医学を学ぶ。ゆくゆくはもっと専門的に獣医学を学ぶためドイツへの留学を計画中。その資金作りのためのアルバイト、大学での勉強、自分で飼っている馬の世話、と忙しくしている。

まだ赤ちゃんのシグリードゥから時計回りに
イングヴィ（8歳）、スーリードゥ（8歳）

＊シグリードゥ・ベルグリンド (Sigríður Berglind)

ハルパとヘルマンの末娘、十四歳。語学に興味を持ち、英語が得意で私たちとも難なく英語でコミュニケーション。日本語とひらがなにも関心を寄せ、時間があると「これ日本語でなんていうの？」を連発。

目次／アイスランド紀行ふたたび

＊本書は、2014年6月当時の旅行記録を基にしていますので、断りのない限り、
料金をはじめとする情報は当時のものとなっています。
2018年7月時点に改訂した箇所には❖マークをつけています。
今後、情報は変更される可能性がありますので、予めご了承ください。

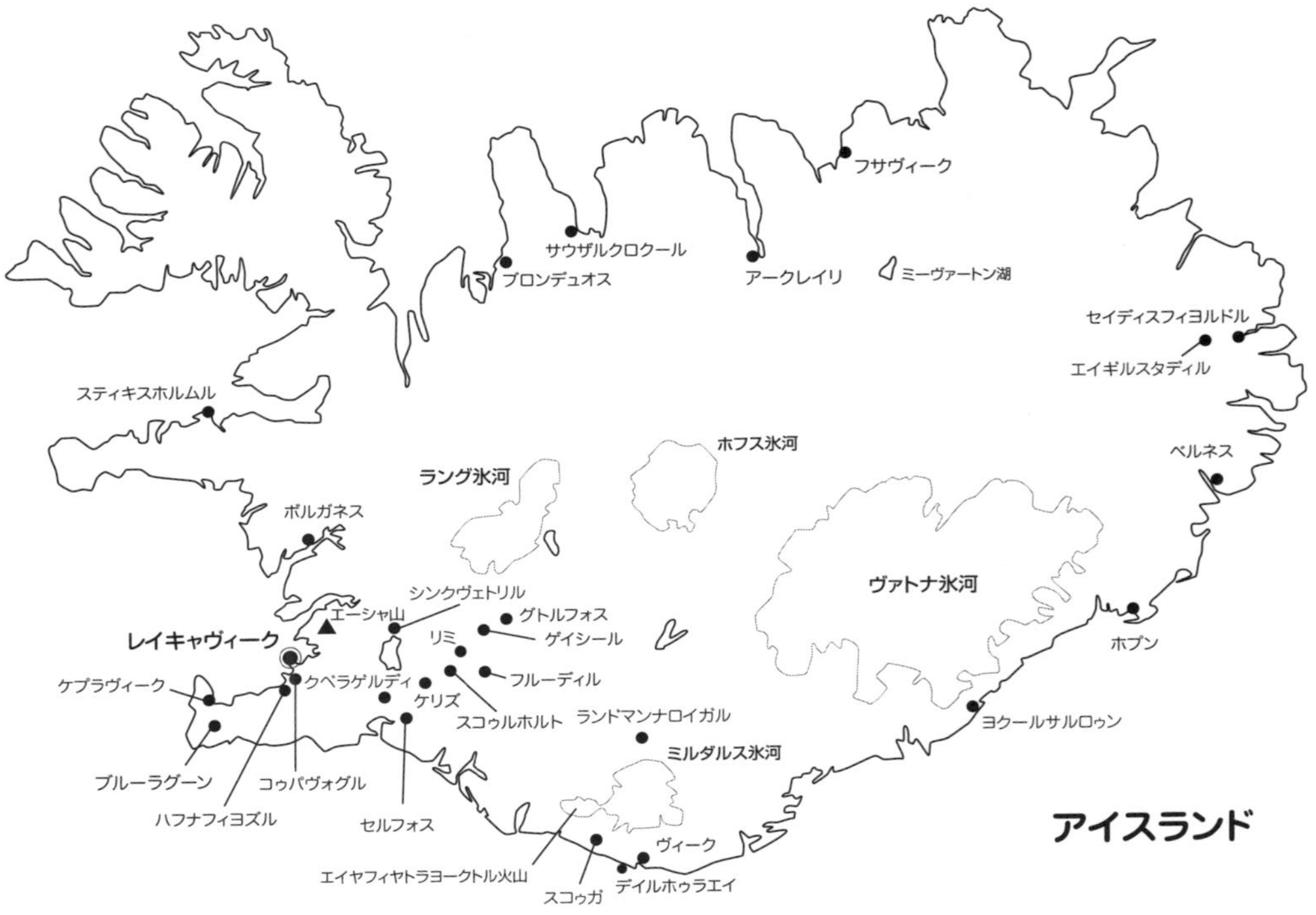
アイスランド
スティキスホルムル
ブロンデュオス
サウザルクロクール
アークレイリ
フサヴィーク
ミーヴァートン湖
セイディスフィヨルドル
エイギルスタディル
ホフス氷河
ラング氷河
ボルガネス
ベルネス
ヴァトナ氷河
シンクヴェトリル
エーシャ山
グトルフォス
ゲイシール
レイキャヴィーク
リミ
ホプン
クベラゲルディ
フルーディル
ケプラヴィーク
ケリズ
スコゥルホルト
ランドマンナロイガル
ヨクールサルロゥン
ミルダルス氷河
ブルーラグーン
コゥパヴォグル
ハフナフィヨズル
セルフォス
ヴィーク
エイヤフィヤトラヨークトル火山
スコゥガ
デイルホゥラエイ

‡よれよれの到着、そして白夜で眠れない

二〇一四年は私にとって、記念すべき大学卒業の年だった。卒業式を終えた私に、夫が「卒業旅行でもするか？　行くならアイスランドだろ？　一緒に行こうぜ」と私の気持ちを見透かして言った。「前は二回ともオフシーズンだったから、今度は夏のハイシーズンに行きたいなあ」と返すと、「オフシーズンは何かと制約が付きまとうからな。僕だってハイシーズンに行ってみたいし」。と、卒業旅行の名目で今回の旅が決まった。

いそいそとハルパにメールする。ハルパは「え？　ホントに来るの？　もう会えないと思ってた。ホテルなんて予約する必要ないわ、うちに泊まってよ」とのメールを返してきた。やった！　シグリードゥのバースデイギフトに同梱《どうこん》して必要になりそうなものを送る。大々的に日本食パーティもするつもりだったので、現地では手に入りにくかったり高かったりする味噌やすりごまなどの調味料、ハルパへのプレゼントの浴衣《ゆかた》＋外国人でも扱いやすい兵児《へこ》帯などだ。

六月十日の朝を迎えた。さあ、いざ出発！　スカンジナビア航空で成田～コペンハーゲン、コペンハーゲン乗継でレイキャヴィーク。これは同日中にアイスランド入りできる便なのである。

実は、乗り継ぎのデンマーク・コペンハーゲン空港でこんなことに出くわした。

「アイスランド航空搭乗をお待ちのお客様に申しあげます。搭乗予定の○○さんが空港に向かわれている最中です。この便に乗らなければ予定が大幅に狂うとのことですので、ただいま到着をお待ちしております。しばらくお待ちくださいませ」

え？　一人の乗客のために二百数十人の乗客を待たせるというの？　親切といえば親切だけど、急いでアイスランドに行きたい人だっているだろうに……。

そして、当の○○さんが到着した模様。搭乗が始まるか、と思いきや、今度は航空機に不具合が見つかる始末。○○さんを待ってる間にちゃんと整備しておいてくれればよかったのに。

ああああ、勤勉な（というか仕事にはクソ真面目といわれる）日本人としては信じられない悠長《ゆうちょう》さ。まあ、不具合が見つからなくて事故にでも遭ったら大変だから、こちらは許そう。いろいろあったが、ふわりと空の上の人となった。約三時間のフライトに支障はなかった。そしてようやく、

ガタンッ！

少し衝撃のあるランディング。私たちの乗ったアイスランド航空の機は無事ケプラヴィーク（Keflavík）国際空港に到着した。前述のようなハプニングでフライトは遅れに遅れ、もう現地時間の夜十時を回っていた。ハルパたちには夜八時五十五分に着くからと言っ

ておいたのに、さぞ待ちくたびれているに違いない……。

「日本からの久しぶりのゲストよ。フライバス（国際空港シャトルバス）なんて乗らなくていいわ、空港まで迎えに行ってあげる」

とメールをもらって、お言葉に甘え、ピックアップをお願いしてあった。

すでにデンマーク・コペンハーゲンで入国審査を受けているため、ケプラヴィークではバゲージ・クレームで荷物を受け取り、そのまま到着ロビーに向かう。ハルパたちは、「東洋人、珍しい東洋人」と黒い髪の人間を目安に出てくる人たちを見つめていたようだ。私たちが見つけるより素早く、ハルパ、ヘルマン、末っ子のシグリードゥが駆け寄ってきた。

「マサコ！　セイイチ！　ウェルカム・トゥ・アイスランド！」

十五年ぶりの感動の再会。頬を寄せ、抱き合う。

「フライトは快適だった？」と聞かれ、

「実はねえ、二十七時間寝てないうえに、食事もしてないのよ……」

「ああ、アイスランド航空は機内食を出してくれなくなっちゃったものね」

「！」

知っていたのなら、乗り継ぎ地点のコペンハーゲンで十分に食事してきたのにな……。

「とにかく家に急ぎましょ。軽食なら用意できるわ」

「遅くなったうえに、ごめんね。ありがとう」

外へ出てみて、その暖かさに少し驚く。もう深夜だが、プラス一〇度くらいありそうだ。前回の旅は四月でマイナス四度くらいだったから、やはり夏季といっていいのだろう。

車に乗り込んで、三度目のアイスランドの旅が始まった。

ハルパ一家の家は、ヘルマンが改築中

空港からハイウェイを飛ばす。以前は溶岩流の荒れ地だったところなのに家がポツポツ建っている。ハルパは、
「このあたりまで住宅地になるほど、レイキャヴィークは人口が増えたのよ」
と教えてくれた。そして、五十分くらい走っただろうか、シティ・センターから少し離れた住宅街の一角にあるハルパ宅に到着。びっくりしたのはなんと、築五十年の一戸建てをヘルマンが自らの手で改築中なのだということ。ハルパは、
「ブロンデュオスにいた頃は、彼は大工さんをやっ

ていたからね。一〇〇%快適な家じゃないけど、お部屋は用意できてるわ。さ、入って」

と、二階の一部屋に通してくれた。ブロンデュオス（Blönduós）はハルパとヘルマンの故郷。北アイスランドの人口約九〇〇人の小さな町だ。漁業（特にエビ漁）と酪農業《らくのう》（特に牛乳の生産）がさかんだ。前回訪ねたとき、街を見下ろす丘の上から眺めて写真を撮ったら、一眼レフのフレーム内に収まってしまう規模の小さな町だった。ブロンデュオスとは、ブロンド川が流れる町、という意味だとハルパのお父さんから聞いている。ここでふたりは育ち、恋をして結婚に至った。

ひと息ついて、部屋着に着替え、階下へ降りていった。ハルパが、ササッと用意してくれたパンやチーズ、ハム、果物などで何とか空腹は満たされた。おやすみ、と言って部屋へ戻ろうとしたら、早速シグリードゥの日本語教えて攻めにあった。

「これ、日本語でなんていうの？　どんな文字を書くの？」を連発。ハルパがひと言（私たちにもわかるように英語で）そんなシグリードゥに忠告してくれた。

「ほらほら、マサコもセイイチも疲れてるんだから！」

もう時刻は夜の十二時近いのに外はほの明るい。初めて経験する白夜だ。夏至前後は夜が四時間ほどあると聞いていたのだが、少なくとも私たちが行った六月中旬は深夜十二時でもうっすらと明るかった。太陽が地平線に沈んでも、日本の春分の日・秋分の日の夕方五時半頃のうっすらとした明るさが続き、真っ暗にはならない。時差は日本時間マイナス九時間のグリニッジ標準時（イギリスと同じ）。それでも寝なければ、身が持たない。三十時間近くも起きっぱなしの私はもちろん、夫も、もうよれよれ。

とりあえず眠りに落ちることはできたが、四時間ほどで目覚めてしまった。階下へ降りてみる。やっぱりみんな、まだ就寝中。そーっと地下のシャワールームへ行ってシャワーを浴びる。昨夜からお風呂に入りたくて仕方なかったのだ。日本人は夜お風呂に入って、身体をきれいにしてから寝るけれど、こちらはもっぱら朝シャワーが習慣のようだ。

たった四時間の睡眠だったが、深く眠れたし、割とすっきりしている。時差がこんなに気にならないなんて夢のようだ。やがて、ハルパが起きてきた。現地時間午前七時。

「あらマサコ、眠れなかったの？」

「ううん、短い時間だったけど、ぐっすり寝たからすっきりしちゃった」

「ならよかったわ。私は八時から仕事で、朝食は幼稚園の子供たちと取るの。だからコーヒーを一杯飲んで職場へ行くけど、シリアルやパンはここにあるから好きに食べて。果物もご自由にね。コーヒーマシンの使い方はこう。あ、そうそうスペアキーを渡さなきゃね。はい、これ。あとはＯＫかな？」

「俺とシグリードゥは先に行くよ」とヘルマン。

ヘルマンはシグリードゥを連れて出かけて行った。シグリードゥはまだ十四歳だが、職業体験ということで、パパの会社のお手伝い。おそろいのユニフォームを着て一緒に働くのだそう。

「じゃあ、私もそろそろ仕事にいかないと」とハルパ。

「いろいろありがとう。いってらっしゃい」私と夫で見送った。

今日は二人で市内をあちこち見て歩こう、と約束していた。まずは徒歩圏内にあるクリンググラン・ショッピングモールへ行き、ひと通り見たあとでダウンタウンへ出る予定。クリンググランの前からはあらゆるところへ出られるバスが出ているのよ、とハルパから聞いていた。せっかくの海外旅行なのだから、美味しいもの食べようね、とも夫と話す。

【コラム① 夏休みと子供たちの職業体験】

私たちが訪ねたのは六月中旬。アイスランドでは六月から八月までのまるまる三ヵ月間、学校が夏休みとなる。夏休み、と聞くと私たち日本人は宿題や遊ぶことを連想しがちだが、アイスランドではこの時期を子供たちの社会体験、職業体験に充てる親たちが多いという。もちろん、日本でいう小学校低学年の幼い子たちは別だが、中学生ともなれば何らかの仕事に就いて将来社会へ出た時の訓練をさせるのだそうだ。

シグリードゥがヘルマンの会社で働くのがそのいい例だ。ヘルマンは従業員八名ほどの会社の社長だが、その社長令嬢（?）シグリードゥを職業体験として会社へ連れて行き、十四歳程度でもこなせる仕事（主に電話番）を与えてやらせている。そのほか、彼女はベビーシッターのバイトもしていた。このベビーシッターのバイト、時給五〇〇クローナで一日三時間程度。一週間で一万クローナになるとかで、彼女は嬉々としていた。また、ヘルマンの会社で働くときは時給一〇〇〇クローナもらえるそうだ。

ヘルマンの会社のユニフォーム（背中側）

このように、遊びや勉強ばかりでなく将来役立つことを子供に課し、有効に休みの期間を使うのが、アイスランドの夏休みの特徴といえよう。学生の本分は勉強、などとは言わず、社会に出たときしっかりと仕事ができる子に育てるのが親の役目なのだと、ハルパもヘルマンも言っていた。

また、アイスランドの企業は人材採用時、その人物の職歴を重視するのだそうだ。職種別（ポジション別）採用の方式をとっているためである。それまでバイトやボランティアで経験した職種のうち、自分に向いているな、と思った仕事で生涯ずっとキャリアを築いていける。だから新卒学生の青田刈りなどというものは存在せず、学生も勉強を続けながら一方で適職探しをしていく。つまり、まったく畑違いな仕事には就くことができないことになっている。バイトでもボランティアでも何でも構わないから、やったことのある職務をアピールすることが、入社面接を突破する秘訣《ひけつ》なのだという。

【コラム②　通知表（成績表）】

学期終業の日、手渡される通知表。私たちのころは厚紙に印刷され、そこに教員が書き込む方式だったが、現在はパソコン作成なのだと、現役の小学校教員の友人が言っていた。Ａ４の一枚の紙に印字し、ファイルにはさんだり、封筒に入れて手渡すという。様式は学校ごと、教育委員会ごと、自治体ごとにバラバラだそうだ。

アイスランドは二学期制をとり、秋学期から一年が始まる。秋学期（およそ八月二十日から十二月二十日まで）がスタートで、冬休みをはさみ、春学期（およそ一月十日から六月十日まで）となっている。

アイスランドでもシグリードゥは、Ａ４に印字された一枚の成績表を私たちに見せてくれた。彼女の学校は十段階評価だ。イングヴィ、スーリードゥ同様、彼女もとても優秀で、十や九がズラズラっと並んでいた。「一番苦手なの、この科目」と恥ずかし気だった科目でも八だ。「こんなにいい成績で、将来は博士号でも取るつもり？」と冗談めかして聞いてみたら、「ううん、パパが警察官だったと聞いたから、私も警察官になりたい」としっかりとした返事が返ってきた。小学校低学年の子が警察官になりたい、と軽く言うのとは重みが違う。彼女なりの将来像を持っているんだなあと驚いた。

I　レイキャヴィーク――ダウンタウン散策記

‡クリングランでのウインドー・ショッピング

十五年前にアイスランドを旅していた時もあった、レイキャヴィーク市内では最大のショッピングモール、クリングラン(Kringlan Shopping Mall)。市中心部の南東に位置し、現在のハルパ宅はここから徒歩圏内にある。ハルパが事前に用意しておいてくれた市内地図を片手に出発。

オープンしてからかなりの年数が経っているが、クリングランは今も週末ともなれば買い物客でにぎわう。ダウンタウンから歩くと二十〜三十分かかってしまうが、ダウンタウンとの無料シャトルバスが一時間おきに運行されており(朝十時〜夕方五時、ただし私たちが行った時のタイムテーブルなので確認が必要。また、日曜は便数が減る)、それを使えばラクに移動できる。インフォメーション・デスクにかわいらしいワゴンバス型のリーフレットが置いてあるので、発着時刻に合わせて乗り場へ行けばよい。クリングランは立地条件のよい分、外国人旅行者も多く利用している。

クリングランの営業時間は朝十時から。有名ファッション・ブランド店、大型スーパーマーケット、土産物店、書籍・文房具店、レストラン、ファストフード店、銀行（外貨両替に便利。銀行についての詳細は巻末の旅の情報ノート参照）、市内に九店と数少ない酒屋などが集結している。各店舗はゆとりを持たせて作られており、広い通路にはお茶でもできそうなソファとテーブルが設けられた簡易休憩コーナーもある。

クリングラン・ショッピング・モール

クリングランのキッズコーナー

私たちがクリングランへ着いたのは午前九時半くらいだっただろうか。ほとんどの店はまだシャッターを下ろしていたが、銀行のＡＴＭは稼働していた。アイスランドではクレカ払いが普及していて、現地通貨を持たなくても特に不自由はしないのだが、バスだけはコインでないと乗れないし、ほかにもひょんなことで現金が必要になるかもしれない。夫がこの旅行のために作ったプリペイド式キャッシュカード（このカードは日本の銀行に預金があれば海外で現地通貨を引き出せる）を試してみたいと言ったので、ＡＴＭで一万アイスランド・クローナを引き出してみることにした。一万クローナ札が出てくると思いきや、五〇〇〇、一〇〇〇、五〇〇クローナ札が混ざって出てきた。両替の手間が省けて便利だ。

ショッピングモール前のバス停はさまざまな行先のバスも通っているが、せっかくあるダウンタウン行きの無料シャトルバスに乗らなくちゃ損、というわけで十一時半発のシャトルバス第一便の時間までクリングランで絵ハガキを書いて時間をつぶすことにした。

【コラム③　クレジットカードは必携】

日本でも最近はクレジットカード払いが珍しくなくなってきているが、アイスランドは以前旅行をした一九九九年当時からホントにクレジットカード大国で、現金を持たずカードだけ持って買い物に出発ということがよくあった。無人のガソリンスタンドでガソリンを入れる時も、ホットドッグ・スタンドやスーパーでジュース一本買う時ですらクレジットカードでOKである。ピン・ナンバー（暗証番号）だけでサインもいらない。極論を言えば、アイスランドでは現金を持たずクレジットカード一枚でほとんどすべてが事足りるため、旅行者も現地通貨なんて持っていなくても、不自由しないのである。まあ、旅の記念にコインくらいは、ひと揃い取っておいてもいいかもしれないが、アイスランド・クローナは紙幣もコインも日本での換金ができないため、できれば使ってしまった方が賢明といえるだろう。実際、私たちは帰りのケプラヴィーク国際空港で、小間物［ジュースとか、スキール**（Skyr）**（アイスランドでしか食べられない、ヨーグルトの親戚のようなデザート）とか、ブレニヴィン**（Brennivín）**（アイスランドでは有名なお酒。別名「ブラック・デス」と呼ばれ、飲みすぎると死をもたらすという意味のようなアルコール度数の高い蒸留酒）の小ボトルなど］に使って、コインをひと揃い残しただけである。

ただし、注意しなければならないのが公共交通機関であるバス。これだけはコインでないと乗れない。一乗車四六〇クローナ❖である。おつりは出ないので、日本の感覚で多く入れても損するだけ（車内両替もできない）。また、二十枚綴りの回数券は八七〇〇クローナ❖で、一乗車あたり四三五クローナと若干安い。一日乗車券は一七〇〇クローナ❖、三日乗車券は四〇〇〇クローナ❖。バスターミナルなどで購入でき、その際はクレジットカードが使える。また、レイキャヴィーク・シティ・カードを購入すれば、市内バスが乗り放題だ。

【コラム④　レイキャヴィークのショッピング事情】

長い間、アイスランド一の地位にあったクリンググランを追い抜いたのが、二〇〇一年に新たにオープンした、スマゥラリンド (Smáralind) だ。それまでは、クリンググランが幅をきかせていたが、規模的な面でスマゥラリンドに負けてしまった。日本でいうなら、さしずめクリンググランが大きなデパートだとすると、スマゥラリンドは大規模ショッピングセンターといったところだろうか。スマゥラリンドには大型スーパーマーケットから、有名ファッション・ブランドの専門店などがテナントなのはもとより、映画館も五つ入っている。大型スーパーはどれも海外からの進出ではなく、アイスランド資本の HAGKAUP《ハグカウプ》、BÓNUS《ボーナス》、10-11 の三店がテナントとして入っている（10-11 は比較的小さなスーパーマーケットで、街の中に店を構えているものが多い）。もちろん郵便局に銀行のATM、免税店も多数ある。ネックといえば、レイキャヴィークの隣街である、コゥパヴォグル（Kopavogur）にあって立地的にレイキャヴィーク中心部から離れているため少々不便なことくらいだろうか。が、コゥパヴォグルは今や北アイスランドの商業・経済の中心都市アークレイリ（Akureyri）を抜いてアイスランドで二番目に大きい街となっただけあって、レイキャヴィークと密な関係にある、首都圏内の都市なのだ。公共交通機関（バス）が頻繁に行き来し、スマゥラリンドにもレイキャヴィーク中心部とを結ぶ無料のシャトルバスがあり、不便さをカバーしてくれている（ただし夏季のみ）。距離的にはレイキャヴィーク中心部から車で十分〜二十分程度。大型駐車場ももちろん備えられており、駐車料金も無料だ。私たちがハルパの運転でスマゥラリンドへ行ったとき、日本ではデパートの駐車場は一定金額の買い物をしないと無料にならないことが多いと言ったら驚いていた。

スマゥラリンド

レイキャヴィーク市内で一番安いスーパーマーケットで、前回の長期滞在でもよく利用していたのがボーナス（BÓNUS）。最近店舗数を伸ばしてきた。基本的には郊外

ボーナス

大型スーパーだが、ダウンタウンにもあるので便利だ。包装・レジ袋など余計なサービスは省き、人件費を削減するために店員もそれほどは配置されていない（そのため、アイスランド語のラベルが読めない時、お店の人に聞こうと思っても聞けないのが旅行者には不便なのだが……）。薄利多売のため商品の回転が早く、いつも新鮮なのも大きな魅力といえよう。

常温保存品は、普通に棚に並べて売っているが、びっくりするのは冷蔵保存品の陳列方法だ。なんと巨大な冷蔵庫のような一室が設けられ、肉、魚、野菜などの生鮮食品や冷凍食品などがその中に一挙に集結。日本でも最近徐々にこういった方式の売り方をするスーパーも見かけるようになってきたが、凍えるほど寒いところへ入って買い物をしなければならないのは冬は特につらいかもしれない。が、オープン冷蔵・冷凍ショーケースなどよりずっと効率よく新鮮さを保てるのだろう。

‡いざダウンタウンへ！

クリングランを楽しんだ私たちは、十一時半発のシャトルバスに乗ってダウンタウンのツーリスト・インフォメーション前に到着。インフォメーションでパンフレットを見たりしている間に十二時を過ぎて、お腹がすいてきた。ハルパがベイエリア［ヘヴジーハウス(Hofdi House)のあるシティ・センターから北東へ少し行ったあたり。ヘヴジーハウスは一九八六年にレーガン米大統領とゴルバチョフソ連大統領の米ソ首脳会談が行なわれたことで有名］にたくさん新しいレストランやお店ができて、そのあたりにあるレストランなら、どこへ入ってもハズレはないよ、とアドバイスしてくれていたが、そこまで出かけている余裕はなかったので、シティ・センターの目抜き通りであるロイガヴェーグル(Laugavegur)通りに繰り出してお店探し。十五年前と変わらず、どのレストランも大抵メニューと値段を書いたボードを外に出しているので、どんなメニューで、いくらくらいで食事できるかがわかって便利だ。英語を併記してくれているのも外国人旅行者にとってありがたい。アイスランドに来たのだから美味しいシーフードが食べたいね、と言って懐《ふところ》と相談しつ

ツーリスト・インフォメーション

ロイガヴェーグル通り

Caruso のテーブルセッティング
レイキャヴィークには、
おしゃれなレストランが多い

つ、とあるレストランに入った。オーダーしたのは夫がサーモンのムニエル、私がエビのリゾット（リゾットといっても、日本でいうおじやみたいな感じではなく、どちらかというとパエリアに近かった）。どちらも申し分のない味だったが二人前で三二一〇クローナ（日本円で約三二〇〇円）と、高めだ。ドリンクもつけるとさらに上乗せになるので、無料のお冷や二つお願いします、と少々ケチくさいランチになってしまった（アイスランドの水は天然水でとてもおいしく、どこでも無料で飲むことができる）。

大衆食堂がないのは前回の旅で知っていたが、ランチはどの店も千数百から数千クローナし、日本みたいに定食で数百円、というのは相変わらずなさそうである。あらかじめ作り置きした料理をチンしただけの、ショッピングセンターのフードコートのようなところでも二人前のワンプレートランチとドリンクで約三〇〇〇円もする。天麩羅《てんぷら》定食が七〇〇円とか、ビール一杯五〇〇円未満とか、もしもハルパとヘルマンが日本に来て外食する機会があったとしたら、絶対絶対「うっそー！」と叫ぶに違いない。仮にアルコールを食事につけなくても、ランチソフトドリンクお替わりし放題で一九九円とかのファミレスに連れて行ったら、なんと驚くことか……。

それはさておいて、私たちが入ったお店（Carusoというイタリアンレストラン）は他のお店に比べればリーズナブルな値段で料理ももちろん美味しく、店内の雰囲気も瀟洒《しょうしゃ》で落ち着けるのでおススメ。

またアイスランドでは、二〇〇七年よりカフェ、レストラン、バーでの全面禁煙が実施されている。店舗には外に喫煙所を設けているが、路上喫煙者も大変多い。道にも吸殻《すいがら》がそこらじゅうに散乱している。日本のように店内分煙制とかにして逆に路上喫煙を取り締まったほうがずっといいんじゃない？　と思ってしまう。歩きタバコをしている人も多く危険だ。現在アイスランドではタバコひと箱一三〇〇クローナ❖ともものすごく値が張る。喫煙率は二〇％程度とのことである。タバコの解禁年齢は十八歳、若者は電子タバコを愛用している。

❖おもちゃ箱をひっくり返したような街並み

ダウンタウンでは、まずは、レイキャヴィークに来たらはずせない、ハトリグリムスキルキャ教会(Hallgrímskirkja)の展望台に上ることにした。ハトリグリムスキルキャ教会は、レイキャヴィーク市内で一番高い建物で、レイキャヴィークの小高い丘の上に立つ、高さ七四・五メートルの教会だ「長い間、アイスランド一の高層建築の座を守ってきたが、二〇〇八年にコゥパヴォグルにできたオフィスと商業(小売業)ビルであるスマゥラトルク・タワー(Smáratorg Tower)に高さの面で負けてしまった」。その美しい建物の景観と鐘の音はレイキャヴィークのシンボルでもある。鐘は一時間ごとに鳴り、ダウンタウンにいるとよく聞こえる。ただ、展望台にいる時に鳴らされると、お腹の底まで響くような大音量。前回の旅の際は、鐘の鳴る時間に居合わせ、慌ててエレベーターで下に下りた。

エレベーターで最上階の一階下まで上がれ、そこからせん階段を上ると展望台だ。展望台からはレイキャヴィーク市内が三六〇度見渡せ、遠景には市の北東にそびえるエーシャ(Esja)山を望むことができる。エーシャ山はレイキャヴィーク市民にはなじみの深い山で、十三人のサンタクロースが住んでいるとの言い伝えがあり、多くの市民に親しまれている。上るときのエレベーター代は一人一〇〇〇クローナ❖。エレベーターや展望台の維持費・管理費、といったところなのだろうか。十五年前に見たときよりも、家々の屋根のカラフルさがなんとなくさびしくなったね、と夫と言い合う。もう十年くらい前になるだろうか、ダウンタウンで大きな火災があり、多くの家が焼けた。それで、新築のカラフルではない現代的な家が増えたせいなのかもしれない。昔からの家の屋根はもっとカラフルで、十五年前に見たあの景色が恋しかった。それでも、おもちゃ箱をひっくり返したようなかわいらしさは相変わらず残っているので、訪れた際にはぜひ一度、上ってみてほしい。

ハトリグリムスキルキャ教会からエーシャ山を望む

レイキャヴィークの街並み

ハトリグリムスキルキャ教会の
チャペル

ハトリグリムスキルキャ教会の
ステンドグラス

何か行事（ミサや結婚式など）をしていなければ、一階の教会内部も自由に見学できる。残念ながら今回はミサが行なわれていて中へ入れなかったのだが、前回の旅行時は見学できた。大きなパイプオルガンがまず目を引く。ステンドグラスもきれいだ。また、教会の前にはコロンブスのアメリカ大陸発見を遡《さかのぼ》ること五〇〇年近く前に米大陸に足を踏み入れたレイブル・エイリークソン (Leifur Eiriksson) の銅像が立っている。

展望台から下りたあと、ダウンタウンの郵便局へ寄って切手を買い求めた。こちらではヨーロッパ内の国際郵便か、それ以外の国際郵便なのかで料金に差があり、日本までは五〇グラムまで封書・ハガキを問わず、均一料金制となっている。旅先からの私信といえば絵ハガキだが、わずか数グラムのものを送るのに五〇グラムの封書と変わらない。どうせならちょこっとしたお土産でも入れて五〇グラムギリギリで出したほうがお得なのだ。

ここで旅行者に便利なレイキャヴィーク・シティ・カードについて触れておこう。これはレイキャヴィークを手際よく見て歩くためには欠かせないカードだ。街中探検用の市街マップを手に入れようと、ダウンタウン中心部からいったんインフォメーションまで戻った。今日は街歩きに充てるけれど、明日は美術館や博物館、施設の充実した市内最大のプールなどを巡る予定だから、お得と聞いている観光客向けの一日（二十四時間）有効なレイキャヴィーク・シティ・カード（以下、RCCと略す）を買ってしまおうということになった（四十八時間、七十二時間有効なRCCもある）。カードは当日販売の形ではなく、

郵便局

日付と時間を指定していつでも購入できるとのことで、明日の朝九時～明後日の朝八時五十九分までの指定をし、購入。大人一人三八〇〇クローナ。❖市内の美術館・博物館はだいたいどこも大人一人一六〇〇～二〇〇〇クローナくらい❖なので、移動のバス代が無料になることを考えれば二～三ヵ

所行くだけでも元が取れる。以前はレイキャヴィーク湾を周遊するクルーズ船にも乗れたようなのだが、残念なことに二〇一三年に廃止になってしまったそうだ。

夕刻、インフォメーションからクリングラン行き最終シャトルバスに乗って終点で降り、ハルパ宅へ帰ろうとした。ところがどっこいとんでもない道に出てしまい、歩いても歩いてもハルパの家に着かない。ふと見ると、あさっての方角にクリングランの建物が見えるではないか。「クリングランへ戻ってタクシーで帰ろう」夫が言った。一台拾ってハルパ宅の住所を告げる。家の前まで二〇〇〇クローナ近くかかったと記憶している。痛い出費だった。

「どうしたのよ、遅いから心配したわ」

「迷子になってねー。タクシーで帰ってきたの」

「あらあら」

タラのオーブン焼きのディナーを囲んでそんな会話を交わした。とんだ笑い話である。

【コラム⑤　実は積極的なファッション発信地、アイスランド】

意外に聞こえるかもしれないが、アイスランドはけっこうなファッション発信地でもある。日本では遠すぎて、あまり話題にならないが、ヨーロッパ諸国にはいろいろなアイスランド・ブランドが店舗を展開している。

有名どころを紹介すると、一九二六年創業のアウトドアウエア・ブランドで、日本でも購入できるようになった66°NORTH（北緯六十六度の意）や、二〇一一年に優良店舗賞を受賞したジュエリー・ブランド、aurum《アウルム》（あなたの目で価値判断してください、という自信にあふれた広告を出している）、「アイスランド人アーティストによるアイスランド素材で作った製品をどうぞ」とうたうISLANDIA《イースランディア》（ウール製品から溶岩アクセサリーまで取り扱う）、「私はアイスランド語を話しません」なんていうアイスランド語のロゴをプリントしたTシャツなどがユニークなオンラインショップidontspeakicelandic.com、南部の小さな町ヴィークがそもそもの拠点だったIcewear《アイスウエア》（各種ウール製品、トレーナー、Tシャツ、ポロシャツなどが売り）が挙げられるだろう。ファッションにちょっとうるさい人にウケそうなこんな製品がそのうち次々と日本に上陸するかもしれない。

アイスランドで人気のアウトドアウエア
66° NORTH

【コラム⑥　アイスランドのレストランについて】

レイキャヴィークには、ダウンタウンにもベイエリアにもたくさんのレストランがある。本文でも触れたが、どの店も、そこのメニューや値段などを書き出したボードを入口付近に掲げてあるから、どんな料理を出していて、いくらくらいで食べられるかが事前にわかるので参考にできる（たいていの店は英語を併記してくれているのも、外国人旅行者にはありがたい）。

しかし、アイスランドは外食となると、そこそこいい値段がするのだ。アイスランド人も高いとは思っているようだが、最も安くてもランチで一人前二〇〇〇クローナ（約二〇〇〇円）は覚悟しておくべきである。それでもクローナの価値が下落して一クローナ＝一円程度になったからレストランにも入りやすくなったのだが。そして、食事の時に一杯やりたくなってしまう方にはもっとキツイ試練（？）が待っている。そう、アルコールドリンクがバカみたいに高いのだ。おおよそ、メインディッシュひと皿分くらいはすると思えばいいだろう。普通のレストランではビールがグラス一杯二〇〇〇円？（……冗談を言っているわけではない）くらいすると思えば間違いない。英語圏で言われるＢＹＯ（Bring Your Own）、つまりお酒持ち込み可、の店は残念ながら探すのに苦労する。しかもいくらか払えば持ち込める、という条件付きである。なので、できることなら酒店で手軽に買えるライトビール（アルコール度数は二％未満ではあるがとても安い）をホテルの部屋でちびちびやってガマンしておくのが賢いかもしれない。十数万人という人口を抱える首都レイキャヴィークだが、探すのに苦労するくらい酒店は少ない（前述のように、九店しかない。十五年前には三店、十年前には六店と、少しずつ増えてはいる）。そして値段も決して安くなく、家で晩酌《ばんしゃく》、というのもあまりないようだ（ハルパ家だけなのかもしれないが）。特別な記念日（誕生日や結婚記念日など）でなければディナーでワインやビールを飲むということをしない。今も記憶に残っているが、前回の一人旅の時に、ハルパが教員養成学校の卒論をパスした日、ヘルマンが腕を振るって料理し、当のハルパはワイン一本を空ける勢いで飲んでいたことを思い出す。へー、こんなこともあるのか、とちょっとびっくりした。

レストランのメニューボード

　レストランの話に戻るが、ツーリスト・インフォメーションで無料で手に入るReykjavik city guideという小冊子をもらっておくのもいい。この小冊子にはレイキャヴィークで楽しめる情報が、食事だけでなく満載されている。食事のことならば、Wining & Dining の項を見れば、掲載店のおおよその目安価格を赤丸の数で示してくれている。赤丸ひとつが一番安く、赤丸が増えるほど高くなって、赤丸三つが最高ランクである。そして、たとえ赤丸ひとつの店でも、まずいというわけではないので安くあげたい向きには好都合である。もちろん、何かの記念日で豪勢《ごうせい》に食事を楽しみたいという場合には赤丸三つの店を選べばよい。ぜひご参考までに。

それと、アイスランドにはチップの習慣はないのでご安心を。また幼児を連れている場合は子供用メニューを提供してくれるかどうか聞いてみるといい。なお、週末は外食する人が多いので、前もって予約しておいたほうがベターだ。

ちなみに私たちがランチで入ったレストラン Caruso は赤丸二つランクの店で、予算に応じてコース料理も用意してくれるとのことだった。

‡美術館・博物館・プールめぐり

レイキャヴィーク二日目。昨日入手したRCCで美術館や博物館、また市内随一、つまり国内随一の巨大スイミングプール施設を回って歩く日だ。

私たちが見て回ったのは、レイキャヴィーク市立美術館〔市内に三ヵ所あるが足を運んだのは、トゥリックヴァガータ（Tryggvagata）17にあるハプナルース（Hafnarhús）。ダウンタウンから一番近く、他の博物館や美術館、またショッピング等の時のアクセスに便利〕、フォトギャラリー、サガ博物館、国立博物館、それから最後にちょっと離れたところにある、市内で一番大きな温泉水プールである。

レイキャヴィーク市立美術館は、私たちが行ったときは何も企画展示物がなく、常設のものにしかお目にかかれなかった。現在活躍中の作家たちの前衛美術が中心で、芸術的でない私たちには少々理解しがたかったが、足を運ぶ価値はある。

そして、おトクだったのはこの美術館のスタッフに、「隣のビルに無料のフォトギャラリーがあるよ」と教えてもらったこと。

早速足を延ばす。何気ないレイキャヴィークの日常をとらえた写真から、壮大に広がるオーロラの写真まで、無料でいいのかしらと思えるほどの見ごたえある写真のオンパレードだった。

そして次はサガ博物館（Sögusafnið / Saga Museum）。

サガとは、アイスランドの古文書のことだが、歴史ある物語とはいえ、一部に殺戮《さつりく》的な話や魔物の話が出てくると聞いていた。歴史ある物語なので、幼稚園や小学校でもサガの読み聞かせの時間があるという。その時も子供たちが怖がらないように、こういった部分ははしょって紹介するのだそうだ。サガ博物館ではそのような話もすべてカットせずに紹介しているとのことだったから、やはりおどろおどろしい部分もあった。そんな話が苦手な人（怖がりさんや閉所恐怖症の方など）には、あまりおススメできないかもしれない。しかしながら、少しでも北欧神話やサガに興味のある人は、ぜひとも訪れてほしい博物館だ。

ちなみに、インフォメーションでは無料で入場できると聞いたのだが、実際はRCCの提示で割り引かれているとはいえ、一五〇〇クローナかかった（二〇一八年現在、大人一人二二〇〇クローナ、RCCの提示で一〇％の割引となる）。インフォメーションのスタッフの話を鵜呑《うの》みにしてはいけない。

さて国立博物館（Þjóðminjasafn Íslands）は私が一九九九年にアイスランドを再訪したときには大改装中で見られなかったため、どんなふうに改装されたのか、見るのを楽しみにしていた。展示物は古民具、かつての建物のミニチュア版など。以前（一九九六年の新婚旅行当時）は、英語の分厚いファイルを渡されて、それを読みつつ館内を見て回ったのに、今回手渡されたのは簡略なパンフ一枚。希望者には解説の聞けるヘッドフォンを三〇〇クローナで貸し出してくれるのだが（英語、フランス語、ドイツ語などの三～四言語あったと思う。それぞれの展示物のケースにヘッドフォン・プラグの差込口があって解説を聞くカタチだ）、英語しかわからないのでとりあえず英語版を借りて聞いてみたけれど、速すぎて聞き取れず、おおよそのところはわかるといった程度で、自分の英語力（特にリスニング力）のなさを痛感する結果となった。これならば、まだファイルを渡された方が辞書を引きながら

現代作家を扱う、レイキャヴィーク市立美術館

サガ博物館

国立博物館

ゆっくり理解できてよかった。

どの美術館・博物館もそうだったが、入館許可を得ると（料金を支払う、ＲＣＣを見せるなど）胸に貼るシール（デザインは各館のオリジナル）を渡してくれる。これを入館中は必ず付けていないといけないようだ。不正入館を防ぐ対策とのことだった。

最後に今まで一度も足を運ばなかった大規模のプール。インフォメーションで聞いていたのだが、プールへのバスはいったいどれ？　で、バス路線図を見い見い、ここだっ！というのを発見。結構な路線数の通る道だったのだが、やっぱり不安。行先案内まで車内放送してくれるわけがないから、運転手さんにお願い作戦をとる。市内で一番大きいプールの最寄バス停に着いたらアナウンスしてください、と。運転手さんはＯＫサインして、そのバス停の手前で、

「Biggest swimming pool《ビゲスト・スイミング・プール》!!」

と言ってくれた。ありがたや～。

いやしかし、運転は荒い。市内の主要道路が制限速度五〇キロなためだろうか、人の乗降や着席を確認せずに勢いよく発車するので、「痛ってぇ～」と日本語で思わず叫んだくらい、イヤというほどおでこを手すりにぶつけた。お年寄りだったら派手に転んで骨折でもするかもしれない。

さて、肝心のプールだが、最寄バス停で降ろしてもらったにもかかわらず、バス停から遠い遠い！　東京でいうと、地下鉄の一駅分くらいは歩いただろうか。いろいろなスポーツ施設が点在するエリアで、体育館、陸上競技場などと並んでプールがある。RCCで無料で入れるが、通常料金は九五〇クローナ❖である。早朝六時半〜夜二十二時まで開いていて一日中楽しもうとすればそれも可能だ。このプールには五〇メートルの屋外プール、三〇メートルの遊泳プール（五〇メートルプールよりも温かい）、温度差のあるホットポット、ジャグジー、ウォーター・スライダーなどがあって、何時間でも楽しめるのだが、この日はお天気が良いとはいえず、気温も低かったからだろうか、数人の小学生くらいの男の子がワイワイやっているだけで、大人たちはホットポットかジャグジーでぼーっと暖を取っている、といった感じであった。プールは温泉水なので硫黄臭《いおう》が漂う。温泉に来たと思おうぜ、とは夫の弁。せっかくの八六メートルのウォーター・スライダーも楽しめなかった。

ここで、アイスランドでのプールの入り方で知っておきたいことをひとつ。とても衛生には気を遣っているのだ。シャワールームで全裸になり（もちろん男女別）、とくに髪、腋《わき》、股、足を備え付けの消毒剤入り石けんできちんと洗ってから水着になる決まりになっている。予め水着を着ているのが見つかったら、大目玉を食らうことになるので注意したい。

人工温泉ビーチ

その日の夕方、ハルパが仕事帰りにプールへ立ち寄って私たちを拾ってくれ、まだ充分明るいし、夕食にも早いからドライブしましょうよ、ということになった。シグリードゥを伴って四人でクルマに乗り、バスで行っていたらなかなか乗り継ぎの難しい、街中から離れたいくつかの名所を案内してくれた。

まずは最近作られたという人工温泉ビーチ（Nauthólsvík Beach）へ。国内線の空港および温水貯蔵施設ペルトランの南に位置する。砂浜も引いてある温水（水温は一五～一九度）も、全部人工なのだけれど、暖かい日中は結構人で賑わうという。この日は夕刻ということもあり、犬を連れた男の人が一人、砂浜を歩いていただけだったが、アイスランド版お台場といったところだろうか。

遠景には大統領の自宅兼執務室の一軒家が見えた。コンピュータの発達した現在、なにも市の中心部に執務室を設けなくても、すべて仕事ができてしまうのだという。そして必要に応じて（議会の時など）国会議事堂まで出向いてくるとのことだった。日本も首相官邸など設けず、自宅でやればいいのに、と思ってしまった。

その次はなんと！　世界の歌姫、ビョークの家を見せてあげる、と言うではないか。

「きゃー、すごーい！　見たい見たい！」

「左側に見えるはずよ。シグリードゥ、一緒に探してあげて」

とのことで運転者のハルパに命令されたシグリードゥが「真っ黒い家なの」、と言って私たちも身を乗り出して探す。

「黒い家ないよ、ママ」

「ないよないよ」と私たち。

「おかしいわねえ、この辺のはずなのに。塗り替えちゃったかな？」

ということで、残念ながら捜索は失敗に終わることに。

そしてメは、オーロラ資料館（Aurora Reykjavik: The Northern Lights Center が英語での正式名称）。

「オーロラが見えなかったって？　大丈夫、ここへ来れば見られます」

というのがキャッチコピーだけあって、マルチメディアを駆使した壮大なオーロラ・ショーが手軽に見られる。入館料は一八〇〇クローナだが、その日に有効なＲＣＣを提示すれば三五〇クローナの割引があった（二〇一八年現在、大人一人一六〇〇クローナで、ＲＣＣの提示で五〇％の割引となり、さらにお得になっている）。頭上に展開する数々のオーロラは、まるで夢を見ているように美しい。白夜の時期などにアイスランドを訪れて、オーロラ鑑賞がそもそも物理的に無理であっても、また、オーロラの季節に訪れたがお天気に恵まれず見られなくても、がっかりすることはない。

実はここは、ハルパもシグリードゥも来たことがなかったそうなのである。オーロラは、レイキャヴィーク市内の空が明るい街中でも、とてもきれいに見えるのだとハルパが言っていた。空の暗いブロンデュオスならばもっときれいに見ることができるという。しかし、この資料館で目にしたオーロラ映像の数々は、アイスランド人でさえコーフンするほど感動していたから、最もいい季節に最もうまくとらえた映像なのであろう。「マサコとセイイチを案内しなければ、来るチャンスも動機もなかったはず。ありがとうね」とまで言われてしまったのだから、必見といえるだろう。ダウンタウンにも近く（シティ・センターから徒歩約十分）、古くからの港湾地区（新しいベイエリアではない）のすぐそばにあるので、ぜひ足を運ぶ価値あり、のレイキャヴィークではずせない観光名所のひとつだ。

「さ、帰って夕ご飯の支度かな？ 充分楽しめたかしら？ もう少しいたいなら別にいいわよ」というハルパのセリフで、もう夜八時近いこと、改めてお腹がグーグー鳴っていることに気づく。

「言われてみればお腹空いたわ。帰りましょう」と私。

白夜って、時間の感覚を狂わせるのだなあ、と思ってしまった。

‡一度は試したいペルトランでのティータイム

別の日の話題になるが、素敵なティータイムを過ごした。レイキャヴィーク南部の小高い丘に、ひときわ目立って建っているのがペルトラン(Perlan)[英語ではザ・パール(The Pearl)]。巨大な温水貯蔵施設で、ここからレイキャヴィークの全家庭にお湯を供給している。つまり、蛇口をひねればお湯がバンバン出るのが当たり前、になっているのだ。このお湯は温泉水で硫黄臭い。地熱発電所で発電に使った温泉水をパイプラインでレイキャヴィークまで運び、ペルトランに貯水しているというわけである。

地熱発電とは、地熱と気圧で二四〇度にも達する地下水を蒸気に変えてタービンを回し発電するものである。これは環境に対するダメージが他の発電方法に比べてとても低く、地球に優しい。世界的に見ても大変有益で魅力的なものなのだそうだ。アルミ精錬の例を見ても重油を使用して製錬したときと比べ、九〇%ものCO2を削減できるとのデータもある。

ペルトランから供給されるお湯は、台所やシャワーに使われるだけでなく、室内の暖房にも利用される。ぬるま湯から熱湯まで湯温調節のできるパネル式ヒーターが家の中のほぼ全室に設置してあって、それで部屋を暖める。火を使わないので安全だし、これぞアイスランド人の知恵、といえよう。

　また、冬場、雪が降った時も主要道路の下には温水パイプが埋設されていて、降った雪をまたたく間に溶かしてくれる。しかし、ちょっと狭い道や住宅街に行くと温水パイプが埋設されていないから、メキシコ湾からの暖流の影響で降雪が多くはないとはいえ、雪かきは冬場の大仕事、であることに変わりはない。

　この温水タンクの上にドーム状の回転レストランがある。ドームがゆっくりと三六〇度回って、レイキャヴィーク市内のそこここを見渡せるのだ。回転レストランがある街は、世界中を見てみても珍しくはないが、アイスランドではレイキャヴィークのペルトランにしか回転レストランはないから、お財布に余裕があったら入ってみてもいいかもしれない。というのも、このペルトランの回転レストランは金額的に最高ランクの一流レストランなので、一番安い一品料理でも二五〇〇クローナほどするからだ。ハルパと「ディナーは高いから、お茶だけにしようね」とレストランの一階下のティールームへ入ってみた。

　店内は静かで、壁紙からテーブルクロス、什器《じゅうき》にいたるまで白で統一された清楚《せいそ》なイメージ。十五年前もヘルマンに誘われてここでお茶をしたが、ゆっくりゆったりした空間でのティータイムはとてもリラックスできた。

Ⅱ　自然環境を大切に守るアイスランド人——大自然にどっぷり

‡氷河と滝を満喫できる、南海岸大自然探訪ツアー

このツアーに参加するのは二度目になる。二ヵ月のアイスランド旅行を決行したとき、途中で合流した夫とともに参加したツアーである。

このツアーのハイライトは、アイスランド一の落差を誇るスコゥガフォスの滝(Skógafoss)（滝の五〇〇メートルくらい手前に停まったバスまでも水しぶきが飛んでくる）、また裏に回って滝の裏側から眺められるユニークなセリヤランスフォスの滝(Seljalandsfoss)に立ち寄ることと、手軽に訪れることのできるソゥルヘイマ氷河(Sólheimajökull)と触れ合える点だろう（車がなければどうしようもないところを丁寧に回ってくれるツアーという触れ込みである）。そして、典型的な地方の小さくチャーミングな村をいくつか訪ね、そのそばの崖に巣作った野鳥の楽園を楽しんだり、貴重な歴史を物語る、野外民俗博物館にも立ち寄ったりしてくれるとのこと。

一九九九年のツアーとほぼ同じルートをたどるが、プラスされた点としては、二〇一〇年に大噴火を起こし、火山灰の影響でヨーロッパの空の便を大きく混乱させた氷河下のエ

イヤフィヤトラヨークトル火山（Eyjafjallajökull）（現在も活火山ではあるが、活動は弱まっている）の噴火跡地の近くも通るという、まさにスケールの大きいアイスランドの大自然を満喫することができるツアーだ。

しかしこの日は、残念なことに朝から豪雨。ホテルに宿泊しているならピックアップのマイクロバスが来てくれるのだが、ハルパ宅にお世話になっている私たちは、どうやって乗り場まで行こうかと思案していた。ツアーが九時からだとハルパに言ってみたら、

「その時間なら、職場をちょこっと抜け出して連れて行くことも可能よ」

なんだか申し訳ないくらいお世話になりっぱなしだ。

「でね、帰りはレイキャヴィークまで戻ってこないで、途中のセルフォス（Selfoss）という町で降ろしてもらって。友達の別荘に行くのに通る町なの。別荘には二泊するから、そこで待ち合わせしましょ。その方が効率的だし、朝、送ってったときにガイドさんにそのことを話しておくわ。そうすれば行き違いにならずに済むしね」

いったんハルパの家へ戻ると考えていた私たちは、ツアーへ参加するための用意はしておいたが、そのまま二泊、ハルパの友人の別荘へ行くという小旅行に出発することになろうとは思いもしなかった。さあ、荷造り荷造り。ハルパが送迎に戻ってきてくれるまでに時間がない〜。ポンポンと荷物をかばんに放り込み、はー、何とか間に合った。と、ハル

パが玄関に戻ってきた。

「用意はＯＫ？　忘れ物はないわね？」念を押して確認してくれる。いざ出発！

　バスターミナルに到着し、さてどのバスかしらと、三人でキョロキョロ。あ、あれだわ、とハルパが見つけて、そのツアーのガイドさんに何やらアイスランド語で説明してくれている。そしてガイドさんが私たちに向かって、

「英語はわかるわね？」

「大丈夫です、アイスランド語はからっきしダメですけど」

「それならＯＫ、ツアーを楽しんで。今、彼女が言ったとおり、帰りはセルフォスで降ろすわね。さあ、乗った乗った」

　けっこう年配の威勢のいいおばちゃんガイドさんで、とても陽気。楽しいツアーになりそうな予感大である。豪雨でさえなければサイコーなのに……。

　思ったとおり、雨のためスキップした箇所がいくつかあった。おばちゃんガイドはそのたびに平謝り。歌を披露しましょう、と退屈している客の興味を引こうと必死の様子である。私たちが一番残念だったのは、南海岸の散策がスキップされたこと。遠景にデイルホゥラエイ（Dyrhólaey）と呼ばれる、海に突き出した奇岩があり、火山灰で真っ黒の砂浜を歩き、そこには見事な柱状節理もあるビューポイントで、アイスランド版の東尋坊《とうじんぼう》（福井県）と

車窓から見たデイルホゥラエイ

エイヤフィヤトラヨークトル火山

噴火時の様子を写した看板

もいえるところだから、再び見られることをとても楽しみにしていたのだ。ああ、それなのに……雨のバカぁ！

「左手に見えるのが、ミルダルス氷河（Mýrdalsjökull）でございます。この氷河には立ち寄りませんが、この氷河の西に位置する氷河下の火山が大噴火を起こし、ヨーロッパの空の便に相当な影響が出たのは記憶に新しいかと思います。氷河については、のちほど別の氷河を散策する時間を取りますので、楽しみにしていてください」

そこでは十五分ほどの休憩時間が設けられ、噴火記念碑（というよりも記念看板？）の説明があった。

次いで、ソゥルヘイマ氷河へ。この氷河は普通の乗用車でもバスでも立ち寄れる貴重な氷河で（氷河、というと、普通は４ＷＤでないと行くことは不可能）、雨で滑りやすいですが、靴底ががっしりしている人は上れますよ、と言って、果敢なチャレンジャーが数名、氷河クライミングを楽しんでいた。また、この氷河は海岸の火山灰や近くの火山の影響で黒く汚れており、青くどこまでも透明でキレイな氷河ではないところに、着目しなければいけない。私も最初に黒い氷河を見たときは残念に思ったが、大自然がもたらすさまざまな事象の結果であり、これこそがアイスランドの氷河なのだ。よく、旅行のパンフレットなどに美しく輝く氷河が載っているが、そうではない、本物のアイスランドの氷河を魅力的に見せつけてくれるといえよう。

ソゥルヘイマ氷河

続いてランチ休憩の村、ヴィーク（Vík）へ。売店で買って食べるもよし、併設のレストランで食べるもよし（レストラン、というよりも日本人の目で見たらドライブイン、とい

ヴィークにある「アイスウエア」の直営店

う感じがするけれど）。この建物の隣には、いまや有名になったアイスランドのファッション・ブランド「アイスウエア」の直営店がある。というのも、アイスウエアはもともとヴィーク近郊の羊牧場で生産される羊毛を加工し、セーター類の製造販売からスタートしたのだ。そして、徐々に規模を拡大し現在に至っている。以前は毛糸を羊毛から紡《つむ》ぐところを見学させてもらえたが、取扱商品が増えたからか工場は別の町に移り、ここでは販売のみという形式になっていた。が、レイキャヴィークのアイスウエアのお店で買うよりも安価で、うまくいけば掘り出し物も見つけることができるから、ヴィークへ行く機会があるならば要チェックだ。

　ランチを終え、次なる訪問場所はスコゥガ（Skógar）野外民俗博物館。かつてのアイスランド人たちの暮らしぶりを紹介している。英語でのガイドツアーを聞きながら、再現された当時の家屋や教会などの建物を見て回るのだが、私たちが行った時のガイドさん（年配の男性）はアイスランド語なまりが強く混じった英語のため、何を言ってるのやらさっぱりわからなかった。一部のネイティヴらしき客は、なまっていても理解できるようだったが、英語を外国語として学んだ人間には、かなりのリスニング力を要求されることになる。ちなみにこの野外博物館の入館料・ガイドツアーの費用は探訪ツアーの料金に含まれている。

次は、落差六〇メートルを誇るスコゥガフォスの滝の見物である。この滝はアイスランド一の落差があり、国道一号からもその雄姿を見物できる。もちろんバスで目の前まで行き散策を楽しむ。少し近寄るだけで水しぶきの飛んでくる様子は圧巻だ。晴れていれば滝

スコゥガ野外民俗博物館

昔の生活の様子を再現している

に虹がかかることもある。晴れた日に訪れる機会があったら、ぜひとも虹のかかった様子をカメラに収めたい。

そして次は、滝の真裏へ回って見ることのできるセリャランスフォスの滝へ。裏へ回りたい人は上下セパレーツのレインウエアが必携である。夫はいそいそとレインウエアに身を包み動画を撮りに行ってしまった。前回、裏へ回り損ねているだけあって、なんとしてでも見たかったそうな。そこで、写真撮影の役割分担化を話し合っておいたのだが、彼は裏側からの動画撮影係、私は表から落差の激しい雄姿の静止画像撮影係。二手に分かれて表裏両面から狙うのはなかなかいいアイデアなのでは？　と二人でにんまり。

これで、ひととおりのツアーは終わり。あとは一路レイキャヴィークを目指す。私たちはハルパたちとの待ち合わせ場所、セルフォスで途中下車。おばちゃんガイドさんは、「セルフォスのガソリンスタンドで、ということだったけど、ちゃんと落ち合えるかしらね？　あなたたちが彼女の車に乗り込むまで見届けるわ。心配だから」と、親切だった。そしてハルパと無事合流。ガイドさんにひと言お礼を言ってツアーバスと別れた。

（左）スコゥガフォスの滝
（下）セリャランスフォスの滝
（滝の裏側より）

‡マグダレナさんの別荘へ

この日はハルパの友人、マグダレナさんの別荘に泊まることになっていて、ヘルマンが運転する車でハルパとシグリードゥとともにフルーディル (Flúðir) へ向かう。セルフォスから北東へ車で一時間強のところだ。

そして国道三五号線、国道三一号線、国道三〇号線をたどる。国道三五号線からはアイスランドで二番目に大きい氷河、ラング氷河 (Langjökull) が見えた。

足を止めると、牛たちが近寄ってきた

セルフォス一帯は、羊と牛の放牧が盛んで、そこここの牧場では盛夏の放牧のために牧草の刈り取りが始まっていた。刈り取られた牧草は羊や牛の冬季のエサになる大きな牧草の塊（「ヘイ」という）となるのだそうだ。そもそも羊、牛、馬、ヤギ、鶏などは、九世紀より入植してきたヴァイキングがアイスランドに連れてきた家畜で、それがアイスランド全土に広がったのだという。羊は夏の間中、外に放牧されっぱなしというダイナミックな飼育方法、牛（乳牛）は、一日二回搾乳《さくにゅう》のため牛舎へ戻され、そのほかは放牧となる。また地熱も豊富であり、温室栽培も盛んだそうだ。

キュウリやトマト、イチゴなどの青果、花などが好んで栽培されている。

私たちは当初の計画で、ランドマンナロイガル (Landmannalaugar) という地熱地帯に行きたいとハルパに言っていた。ランドマンナロイガルは、赤、ピンク、緑、青、金と色彩豊かな山岳地帯で、アイスランドで最も人気のあるハイキング・コースのひとつだ。美しい谷や滝があり、ブルーピーク (Bláhnjúkur《ブラウフニュウクル》) 山頂では、晴れた日に最大五つの氷河を一望することができる(ガイドブックではハイキング・コースとなっているが、日本における中級クラス以上のトレッキング・コースであり、ブルーピークに行くにはしっかりした装備が必要である)。ここへつながる道端に温かい温泉水をたたえた泉(川)があり、疲れた旅行者の休息エリアとなっていると聞き、とても楽しみにしていたのだが、今冬は豪雪で、川は六月になっても未だ雪で閉ざされており、残念ながら立入禁止とのことだった。

そこで、その近くに別荘を持つハルパの友人を訪ねようということになったのだ。

そして到着。私たちは別荘で大歓迎を受けた。

‡豪華なサマーハウスに滞在

マグダレナさんの別荘は、別荘と呼ぶよりも完璧すぎるくらいの一軒家だった。トイレ、シャワーはもちろん、ランドリールームやバンガロー、ちょっと温泉気分に浸れる屋外の

マグダレナさん一家の別荘

スパ、キッチンには食洗機まである。こんなにすごい別荘だなんて、と言うと、マグダレナさんいわく、

「ここは別荘よ。夏を楽しむための場所でしょ。なんで別荘に来てまで家事をこなさなきゃいけないのよ？　食器洗いも洗濯も全部機械に任せとけばいいじゃない！」

うわうわうわ～。すごすぎる！　こんな極楽至福なところに二泊もできるなんて、ハルパとマグダレナさんの友情に大感謝だ。そして、私たちは母屋《おもや》とは別のバンガローを使わせてもらうことになった。

　別荘には次々にゲストが現われた。夏の週末にはこうして友人たちを呼んではワイワイやるのだという。子供連れでやってくる友人もいる。子供たち同士もすっかり顔なじみらしく、すぐさま一緒に仲良く遊びだす。

　私は、お世話になりっぱなしというのも申し訳ないので、ディナーの準備を手伝おうと声をかけたのだが……。

「あなたは日本からはるばるやってきた大切なゲストよ。手伝わせるなんてできないわ。ハルパほか、人手は充分足りてるのだし。どうぞ、ゆっくりしていて」

丁重に断られてしまった。

さて、ディナーのメインディッシュは、私の好みを勘案してくれて大きなタラのオーブン焼き。ハルパがマサコは肉が苦手、と耳打ちしておいてくれたらしい。私以外の他の面々はラム肉のソテーだったから（アイスランドのラム肉は最近、日本でも注目されているが、夫によると、厚切り肉でもやわらかく、くさみのない味だそうである）、二度手間をかけさせてしまったようで申し訳なかった。それにスープとサラダ、デザートには定番アイスランディック・パンケーキのアイスクリーム添え。う〜ん、大満足。

‡グトルフォスの滝とゲイシール——美しき森と小川

翌日は別荘から三〇キロほど離れたグトルフォス (Gullfoss) とゲイシール (Geysir)（間欠泉）を見て回ることになった。

今回の旅は、私たち夫婦にとって三度目のアイスランドだが、夏に訪ねたことはなく、特にグトルフォスの滝は夏場、滝つぼのすぐそばまで歩いて下りられると聞いていたので、とても楽しみにしていた。

私は極端な運動オンチである。体力もない。学生時代、何がイヤって、体育の授業ほど気の重い科目はなかった。グトルフォスでも、みんなが「ほら、こっちこっち」と言ってくれるのに、ちょっとした岩場を越えることができず、う〜、と唸《うな》っていると、見知らぬ男性観光客が手を差し出してくれた。その手にすがり、なんとか岩場越えに成功。すると……。

ゴォォォォォォーッ！

水しぶきを上げて、砕けるように流れ落ちるグトルフォスの滝が目の前に。グトルフォスとはアイスランド語で「黄金の滝」を意味する。階段状の溶岩層を幅約七〇メートル、一段の高さ一五〜三〇メートルにわたって水煙を上げながら流れ落ちる。今回は夏ということで滝つぼのすぐそばまで下りられて、三度目にして夢を叶えられた。足を滑らせたら命の保証もないのに、できるだけ自然景観を壊さないように、との配慮から、ロープ一本の柵が設けられているだけである。

実は一九〇〇年頃、グトルフォスの滝はその水量の豊富さから、水力発電所になってしまうところだったのである。その計画に「待った！」をかけた、ひとりの女性運動家の功績をたたえた記念碑があった。その女性の名は、シグリードゥ・トーマスドティル（**Sigríður Tómasdóttir**）。

「あら、シグリードゥ、この碑を見てごらんなさいよ。この人もシグリードゥよ！」

ハルパがシグリードゥに語りかけた。

「わー、自分の名前に誇りを持たなきゃ」

グトルフォスの滝

滝つぼの間近まで下りられる、夏のグトルフォス

トーマスドティルの碑とシグリードゥ

シグリードゥはそう言って、トーマスドティルの碑に顔を近づけた。パチリ、と記念撮影。トーマスドティルはグトルフォス周囲の遊歩道づくりにも尽力したと記してあった。

　感動のグトルフォスの滝見物を終え、私たちは昼食をとることにした。キャンピングサイト、と書かれた森の中に入っていくと、うっそうと繁る木立の間にテントの張れそうな小さなスペースがあった。その草地に私たちは陣取り、ハルパが作ってきてくれたサンドイッチとコーヒーのご相伴《しょうばん》にあずかる。

　すぐそばには小川が流れ、キャンプ用の水にも困らない。氷のように冷たくておいしい水よ、とシグリードゥが私のペットボトルに汲んでくれた。川の水がそのまま飲める体験なんてしたことがなかったから、冷たーい！　おいしーい！　を連発。日本だったら、それこそ人里遠く離れた山の中の川、しかもイワナが釣れるくらいの清流に行かなければならないだろう。

「それにしても、ここはハエが多いねえ」とヘルマンが言ったその瞬間、ぶ〜ん、と私の耳の中に一匹のハエが迷い込んできた。

「ぎゃああ、ハエが耳に入ったあ！」私は大慌て。ぶんぶんぶんぶん耳の奥でハエが騒いでいる。

キャンピングサイト。飲料水にもなる清流の小川が流れている

「指を突っ込むんだ！」ヘルマンが言う。

「違うわ、片足で立ってケンケンよ」とハルパ。

「ライトで照らせば、光に誘われて出てくるって」と夫がたまたま持っていた、携帯用のミニＬＥＤライトで照らしてくれた。

ジジジジジ、ブブブブブ、とハエは私の耳の中でしばらく暴れたあと、出て行ってくれた。は〜、救われた。

「さ、一件落着したし、次はゲイシールだ！」

片付けを済ませ、車に戻る。ゲイシールまでは国道三五号線で六〜七キロだ。

ゲイシールまでの道中、ハルパがヘルマンに何か言った（アイスランド語だったのでわからなかった)。ヘルマンはキュッとブレーキを踏み、車を路肩に停めた。

ワンコイン握って降りたハルパが、車に戻ってきて説明してくれた。

「うふふ。とれとれのラズベリーよ。この辺でハウス栽培しているの」

要するに、無人のラズベリー販売所だったわけである。早速みんなでつまむ。甘くて美味しい。

無人販売所(野菜、花、果物を売っている)

二ヵ月の旅の際、クベラゲルディ(Hveragerði)という町を訪問してハウス栽培の話を農家のおじさんに聞き、ハウス内部を見学させてもらった。豊富に湧き出る温泉水をハウスの中に張り巡らしたパイプに流し、その熱で野菜や花を育てているとのこと。今回ラズベリーはどうなの? とハルパに聞いたら、やはり同じ方法のハウス栽培ということだった。

「日本にはこういうのある?」と聞かれ、

「田舎へ行けば、野菜や産みたて卵の販売所があるけど、ラズベリーは見たことないな」

「卵? ニワトリの? アイスランドにはそれはないわ」とハルパ。

そして十分ほどで間欠泉に到着。

ドーン！　ざばーん！　やってるやってる。勢いよく高さ三〇メートルくらいまで吹き上げている。吹き上げる間隔は四～六分に一度程度。

「ゲイシールはねえ、また活動をやめちゃったの。観光シーズン前には特殊な洗剤を入れてキレイにして活動するようにするんだけど、今年はまだみたいね」ハルパが言う。

噴出直前のストロックル間欠泉

ゲイシールは英語のGeyser（間欠泉の意）の語源にもなったアイスランドを代表する間欠泉で、地名にもなっているのだが、実は今は活動を止めてしまっている（二〇〇〇年に起きた大きな地震により、日に八回ほど噴出するようになったが、二〇〇三年には日に三回ほどになり、現在は停止状態である）。すぐ隣にある「ストロックル間欠泉」(Strokkur geyser)が今も盛んに活動しているので、見学できるのはこちらの方だ。

間欠泉の周囲にはDanger（危険）の看板と、グトルフォスと同じくロープ一本の柵があるだけ。以前と変わらない。アイスランドの人々の自然を愛する様子がよく伝わってくる。

ゲイシールにせよ、グトルフォスにせよ、人々が開発しないでそのままの姿を昔から維持しているということだけで、立派な観光地なのだ。土産物屋や派手なライトアップは不必要であると思う人は少なくないはずだ。そこにそのままあるからこそ、その価値が評価されるというものはたくさんあるんじゃないだろうか。

グトルフォスと間欠泉を堪能した私たちは、国道三一号線経由でマグダレナさんの別荘に戻ることにした。途中、休憩で立ち寄ったスコゥルホルト(Skálholt)で、素晴らしい芝生の庭のある教会に立ち寄った。そこで遭遇した盛装した男女の集団――この教会に所属している混声合唱団だった。これからここの教会で、無料のミニ・コンサートをするとい

ストロックル間欠泉

「危険、100度です」
注意を喚起する看板

う。ラッキー！　教会コンサートだけあって、選曲は賛美歌に絞られてはいたが、その響きわたる混声の美しさたるや感激ものだった。三十分ほどだったが、その幸運を感謝した。

また、ここスコゥルホルトは歴史研究的な面でも注目を集めているという。この町の歴史は領主の邸宅ができた一〇五六年に遡る。以来、何世紀にもわたりスコゥルホルトにあっ

復元された教会（スコゥルホルト）

スコゥルホルトの丘からの眺め

た学校、スコゥルホルトズコーリー(Skálholtsskóli)は、アイスランドにおいて教育に関する施設の最先端をいくものであった。中世のアイスランドに関する書物や資料がきちんと保存されており、他に類を見ないほどなのだそうで、現在、ビジターセンターで管理・展示されている。

マグダレナさんの別荘に戻ると、子供たちが、屋外のジャグジー・スパでキャッキャと水遊び中。

「そろそろ夕食の支度をするわね。ハルパー！　手伝ってぇ！」

今日は豚の丸焼きと、魚介系の私にはビッグなサーモン。うまうま〜。

夕食のあとはみんなでおしゃべり。私に対してはみんな気を遣って、英語で話しかけてくれる。夫とはもちろん日本語で話す。友人たち同士の間ではアイスランド語である。気づけば、三カ国語が入り混じったトリリンガルな雰囲気満載なひととき。

ヘルマンとシグリードゥが、日本の音楽について聞いてきた。ヘルマンが、

「僕さ、ロックが結構好きなんだ。日本の音楽ってどんなの？」

夫が安室奈美恵を、ミニ・スピーカーにつないで再生してみる。

「お、イケるイケる。これなんてシンガーが歌ってるの？」

「アムロ・ナミエっていう女性歌手よ。アムロがファミリーネームで、ナミエがファーストネーム。日本の名前は西洋と逆なの」
「英語って歌詞の意味がわかっちゃうから、面白みに欠けるんだよなー。その点、日本のは日本語がわからないから、素直にリズムにノレていいんだよね」
「じゃあ、日本に帰ったらいくつか日本のロック歌手のCDを送るわ」と約束した。

【コラム⑦　夏のレジャー】

アイスランドの社会の仕組みは共働きが前提。夫婦互いに仕事を持ち、普段は目の回るような忙しさでも、休暇は心から楽しんでいるらしい。アイスランドの会社では、月に二回、一年に二十四日休みを取ることができるそうで、夏にまとめて休む人も多い。毎年のように南欧（スペインやポルトガル）に行き、また海外旅行ができないときでも国内をくまなく回り、その土地その土地の豊かな自然を家族で味わうのだという。マグダレナさんのように別荘を持っていればそこへ出かけて、友達を大勢呼んでは、みんなでワイワイはしゃぎもするそうだ。南欧（特にスペイン）に夏のバカンスのためだけに別荘やコンドミニアムを持つアイスランド人も少なくない。スペインは、いまやアイスランド人にとってとてもポピュラーな観光地であり、なんといってもチープに行けるところが人気だとかである。

夏の短いアイスランド。だが、六月から八月のまるまる三ヵ月間は学校もお休みのホリデー期間。太陽を求めて、先に挙げた南欧、またアメリカ南部の州へこぞって出かけるのだそうだ。そして、逆に涼を求めて南欧やアメリカからの観光客がアイスランドにどっと押し寄せるようにやってくる、というあんばいだ。民族の大移動が繰り広げられるのである。

‡ケリズ火口湖とシンクヴェトリル国立公園

マグダレナさんの別荘を後にした私たちは、ケリズ(Kerið)火口湖とシンクヴェトリル(þingvellir)国立公園へ行こうということになっていた。まずは国道三五号線をひたすら南下して、ケリズを目指す。

ケリズ火口湖は約六五〇〇年前にできたと推定されている。噴火口の跡に水が溜まった、深さ五五メートルの湖で、ティアルナルハウラルという種類の溶岩が流れ出した後にできた最も北に位置する火口丘《かこうきゅう》である。その円形の斜面は古代ローマの円形劇場を彷彿《ほうふつ》させ、そのことから湖上に特設ステージを浮かべ、コンサートも行なわれるほどであるという。もちろん、斜面を下りて湖畔ギリギリのところまで立ち入りが許可されている。発見されてから三〇〇〇年もの間、人の手が入ることもなく、そのままの景観が維持されてきたのは、グトルフォスやゲイシール同様、素晴らしい。付近には休憩所すらなく、ただポツンと「ケリズ」の看板があるだけである。カフェもホテルも土産物屋もない。そこがいいのだ。

ケリズ火口湖

「自然を大切に」
立ち入り禁止の看板

次なる訪問地のシンクヴェトリル国立公園への道すがら、四つの発電所を車窓に見ることができた。四つのうち三つが水力発電所、残りのひとつが地熱発電所だ。滝の名からとってイーラフォス水力発電所 (Írafossstöð)、リョーサフォス水力発電所 (Ljósafossstöð)、地名からとってスティングリムスタズ水力発電所 (Steingrímsstöð)、ネシャーヴェトリル地熱発電所 (Nesjavallavirkjun) である。

リョーサフォス水力発電所

パイプラインで送られる温泉水
（ネシャーヴェトリル地熱発電所）

　このうち、ネシャーヴェトリル地熱発電所で発電に使用された高温の温泉水が、パイプラインでペルトラン（ザ・パール）へ送られ、前述したように、レイキャヴィークの全家庭で幅広くそのお湯が使われている。水資源に富んでいるため、水を大切にしようという意識はどうやらなさそうであるが、レイキャヴィークの人口急増でもあくまでクリーンエネルギー主義なところは見習いたい。

さあ、いよいよシンクヴェトリル国立公園に到着。西暦九三〇年、世界初の民主議会が開かれたことで有名である。一二六四年まで、民主議会といえばこの地で開かれるものと決まっていた。この地で議会が開かれていた期間を、アイスランドの黄金時代と呼ぶことができる。国立公園に指定されたのはずっと後で一九二八年である。また、二〇〇四年にはユネスコの世界遺産にも文化遺産として登録された（アイスランドの世界遺産はもうひとつ、無人島のスルツェイ(Surtsey)島が二〇〇八年に自然遺産として登録されている)。

また、シンクヴェトリルといえば、「ギャウ」(gjá)が有名である。ギャウとは北極から南極まで貫く地球の割れ目で、大西洋中央海嶺に存在し、地球の中心部から外側に上がってきたマントル対流が地表で左右に分かれて地面に水平に進むためにできる。片方はアメリカ大陸、もう一方はユーラシア大陸に相当するものだ。

面白かったのは、水の溜まったギャウに「コインを投げ入れないでください」と注意書きがあるのに、誰しもが自分の国のコインやらクローナコインやらを投げ入れていることだ。

「ご利益でもあるのかな?」と私。

「さあねえ、トレビの泉みたいなもんだろ」と夫。

「幸運に恵まれるって話よ。本当はいけないんだけどね」ハルパが教えてくれた。

シンクヴェトリル国立公園内にはさまざまな種類のギャウがあって、足でまたげるような小さなものから、散策できるような遊歩道規模で大きなもの(もちろん未舗装)、シュノーケリングが楽しめる湖の水の溜まったものまである。シンクヴェトリルはギャウを目にできる貴重な場所であり、地学・地球物理学等に興味のある人には一度は訪れたい場所であるらしい。こういう観点からみると、文化遺産だけでなく、自然遺産として世界遺産に登録されてもいいのでは? と思う。

私は、小さなギャウをまたいで、

「I'm an American and European Japanese!(私はアメリカ的でヨーロッパ的な日本人だ!)」と叫んでみた。何人かの観光客がクスリと笑った。

そして私たちは、ただひたすらにアルマンナギャウ(Almannagjá)というギャウに沿って歩いた。何キロあるのかわからない、切り通しの崖の間のような景観が延々と続いた。

シンクヴェトリル国立公園

水の溜まったギャウ。シュノーケリングができる

【コラム⑧　西暦九三〇年から続く民主議会アルシンギ】

西暦九三〇年、全国民が集まって開かれた世界初の民主議会をアルシンギ（Alþingi）（古ノルド語ではアルシング（Alþing））と呼ぶ。それが行なわれたのが、アイスランドの世界遺産、シンクヴェトリル国立公園だ。ここでは、北アメリカプレートとユーラシアプレートの境目、ギャウが見られる貴重な場所でもある。

しかし、シンクヴェトリルは自然遺産ではなく、文化遺産として世界遺産に登録されている。それは、冒頭に書いた、アルシングが開かれた場所であることに起因する。アルシングが開かれるまで、アイスランドに移住してきた人々は集団ごとに出身国の法律を用いていた。が、住民の増加にともない、全島の意見集約機関が必要となり、アルシング開催に至ったのである。

アルシングは、当時のヨーロッパで主流であった国王や領主が統治するものではなく、民主的な合議による自治を目指した。住民の代表によって行なわれ、「法律の岩」と呼ばれるログベルグ（Lögberg）の岩の上から誰もが発言できた。今でも、アイスランドの国会のことをアルシンギと呼ぶほどであるが、現在の国会はレイキャヴィーク市内にある議事堂で行なわれている。議事堂といっても、ヨーロッパの町中でよく見かける古いアパートメントといった感じの質素な建物である。

アイスランドはまた、世界初の女性大統領を生んだ国でもある。ヴィグディス・フィンボガドティル (Vigdís Finnbogadóttir) 大統領は一九八〇年に就任し、一九九六年まで四期十六年にわたり大統領を務めた。現在 (二〇一七年時点) でも女性首相を含め十一人中五人が女性の大臣で、国会議員も六十三名中三十名が女性である。二〇一二年の大統領選挙では三人の子供の母親である三十七歳の女性が立候補し、残念ながら当時の現職の大統領オーラブル・ラグナル・グリムソン (Ólafur Ragnar Grímsson) に敗れたものの、健闘した。

アルシングがこの地で開かれた
国旗が掲揚されている

「法律の岩」近辺の様子

国会議事堂（独立記念日の様子）

‡リミの養蜂家を訪ねて

シンクヴェトリルへの長距離ドライブの道すがら、フルーディルから国道三五号線を北西に二〇キロほどたどって、リミ(Rimi)という小さな村に着いた。ここで私たちは、前日、マグダレナさんの別荘に遊びに来ていた女性、エリンさんの家を訪ねることができた。エリンさんは養蜂をしていると聞いていた。ちょうど、休日のブランチ中にお邪魔してしまったのだが(アイスランドで好んで食べられるという鯨のスモークがテーブルに並んでいた)、ご主人がいろいろと説明してくれた。

養蜂業はまだ始めて間もないそうで、自宅で食べる分と少量の蜂蜜を出荷しているそうだ。どちらかというと、これまでやってきた家畜のブリーディングを主に生計を立てているとのこと。

ミツバチのいる箱の近くにも案内してもらったが、「俺は刺されるのに慣れてるけど、気をつけてな」と優しい。お土産に蜂蜜をいただいてきた。ハルパの家でパンにつけて食べたが、作りたての無添加は、やはりどんな蜂蜜よりも美味しく感じた。

養蜂業について説明を受ける

Ⅲ　ハルパ一家との交友

‡日本食ディナー・パーティと、伝統的料理は作れないアイスランド現代核家族

さて、別荘滞在も終えて、レイキャヴィークのハルパ宅に戻ってきた。今日は日本食ディナー・パーティを予定している。食材の買い出しは、帰りがてら済ませてきた。

前回の旅でハルパのパパを日本食でもてなしたとき、多くの魚は半身で売られているのを知っていたので、今回はサケの半身をそのまま生かせる「サケのチャンチャン焼き」を夫が作ると言っていた。これなら野菜もたっぷりとれるし、味噌《みそ》味はヨーロッパの人々にウケがよいとも聞いていたからだ。ハルパ宅に電子レンジがあることも知っていたので茶碗《ちゃわん》蒸しやほうれん草のゴマ和えも簡単だ。はるばる日本から五目寿司の素も持ってきていて、ご飯に混ぜるだけと簡単だし、家庭的な寿司は珍しく映るだろうと、それも披露することにしていた。アイスランドでは電気コンロが一般的なので天麩羅は今回も見送った。

夫婦ふたりでやっつけると、意外と早く準備が進んだ（実は、予想外に早いゲストの到着にビビったせいでもあるが）。一番乗りでやってきたのはハルパの弟マグヌス。塗装工をやっているという。全身ペンキだらけの格好で到着。

「なにせこの状態なんでね。シャワーを浴びさせてもらうよ」とシャワールームへ。

その間も着々と準備。ハルパが何か手伝えることない？　と言ってくれたので、

「ご飯が炊けたから、お寿司やってもらえるかな？　簡単よ。このレトルトパウチの中身をご飯に混ぜるだけ。扇子《せんす》であおいで冷ましながら、切るようによく混ぜて」と頼む。

「日本はいいなー。こんなに簡単に作れるお寿司の素があるなんて」と言いながら、パタパタあおいで混ぜてくれる。

「私はテリヤキを作るわね。照り焼きのタレに漬け込んだのも、そろそろ味がしみてるだろうから」

「僕はチャンチャン焼きを始めるか。オーブンを温めておかなきゃ。その間に野菜を刻んで、と」夫が言った。

「そうだハルパ、キャセロール皿ある？　ジャパニーズ・プディング（茶碗蒸し）よ。でも、デザートじゃなくて、れっきとした料理なの。電子レンジでチンすればできるから簡単なんだ」

卵とだしの素と塩・醤油、少し舌触りの良い仕上がりにするための水を混ぜてキャセロール皿に流し込む。それを、様子を見ながら全部で五分くらいだろうか、レンジにかける。

ハルパが驚いた様子で言った。

「電子レンジといえば温め専用で、料理に使ったことなんてなかったわ」

「ほうれん草の料理もレンジで簡単にできるのよ。見ててね」

ほうれん草を袋から取り出し、大きいお皿を借りて二分チン。水道水でよく冷やしてから水気を絞り、用意しておいた砂糖醤油を回しかけ、よく混ぜる。そこに、日本から持ってきたすりごまをたっぷり和えて出来上がり。ハルパは味見して「ん〜、美味しい！」（余談だが、こちらではほうれん草は葉の部分のみ食べるようだ。スーパーで見かける、袋入りのほうれん草、これが見事に葉だけカットしたものを詰めて売っているのだ。日本人なら「あの茎に近い部分こそ、甘みがあって美味しいのに」、と残念に思うであろう）。

炊き込みご飯もよく蒸らしておいたのでもうＯＫ。夫の名作、チャンチャン焼きもでき、キャベツの浅漬けもやっといたよ、とのこと。味噌汁もオーライ。ゲストを迎える準備が整った。

「兄が来たわ。名前はスロースツル。紹介するわ、マサコとセイイチよ」握手を交わす。

「妹のヘルガも。覚えてるよね、マサコが前にアイスランドに来たとき会ったことあるものね。これで私の兄弟姉妹全員よ」

ヘルガが思いの外、お母さんに似てきたのを見て驚く。

知り合いの葬儀の後、立ち寄ってくれたのはハルパのご両親。前回の旅の際、ブロンデュオスのお宅に泊めていただいたので顔見知りであった。

「ぜひ料理も召し上がっていただきたいんですが」

「すぐブロンデュオスに帰らなきゃならないんだ。でもマサコ、会えてよかった。元気そうだね」

お土産にと持ってきた扇子をご両親に手渡す。

「気をつけてお帰りくださいね」

「ありがとう」

そして、パーティの始まり。ダイニングのテーブルに料理を全部のせ、好きなものを取って食べるビュッフェ形式にした。「これ美味しい」「こっちも最高」「おかわりしちゃえー」料理がみるみる減っていく。

私たちはダイニングで、ホストだからとまかない飯（?）を食べる。

「マサコとセイイチもリビングに来ればいいのに」

「ここで、いいのよ。ホストだから」

それを聞いてみんながゲラゲラ笑う。

楽しい夕食のひとときだった。記念にお箸やお椀を持って帰ってもらう。

「日本じゃなきゃ手に入らない食器よ。素敵だわ」とヘルガ。

「みんなお腹いっぱいになったって。後片付けはまかせて」とハルパとヘルマン。山のような食器を手際よく片付けてくれる。その後、

「あのご馳走《ちそう》は何?」と聞かれた。

「人をもてなす料理ではなくって、私たちがふだん普通に食べているものばかりよ」

「そんな日常料理を出す日本食レストランがあってもいいのにね」

日本食パーティ

プレゼントの扇子を手に、みんなで談笑
左からハルパの弟マグヌス、シグリードゥ、
イングヴィの彼女、イングヴィ（撮影：Harpa）

「そうそう。日本人はスシやサシミ、テンプラを毎日食べてるわけじゃないのよ。この料理本（日英のバイリンガルで書かれた日本食の本を持ってきていた）あげるわ。和食作りに挑戦してみて」

「ありがとう！　簡単そうなものからチャレンジするわ」

いいプレゼントができた。

そして、お互いの国の伝統的料理の話題になった。

「日本に伝統的料理は何かあるの？」の質問に、

「そうねえ、お正月に食べるおせち料理かしら」と言うと、

「アイスランドにも伝統的料理はあるけど。ほら、あなたたちが新婚旅行でこちらへ来たときに出した料理が、それ。でもみんなスーパーで買ってきちゃうの。私たちの世代は伝統的料理を作れないのよ。その、おせちとかいう料理は、マサコが手作りするの？」

「ううん。やっぱり出来合いを買ってきちゃう。難しかったり、買ったほうが安上がりだったりするのよ。私の母の世代くらいまでは手作りしていたみたいだけど。きちんと料理学校に通ってマスターした友人はいるわ。彼女のところは手づくりおせちよ。すごいなあって尊敬してるの」

「アイスランドの老人ホームでは、伝統的料理を出すところもあるのよ。もちろん、特別

な日にね。お年寄りは、小さい頃食べてたものだから、とても喜ぶみたい」

「あ、それ、日本のテレビで放映されたわ。もう何年も前の話だけど」

「このごろ、日本でアイスランドはよく紹介されるの？」

「そうね、以前に比べたらすごく頻度が高くなったわ。マス・メディアの力ってすごいなって驚いてるのよ。あ、アイスランドの伝統的料理の話に戻るけど、スーパーの出来合いって高いの？」

「んー、そうね。総じて安いものではないわね。おせちはどう？」

「豪華にしようと思えば、何万円もするけど、安上がりにしようと思えば、いくらでも安いのもあるの。私たちは夫婦二人暮らしだから、安いのを買っちゃうな」

「ふぅ〜ん」

「お母さんから、アイスランドの伝統的料理のレシピを教わらなかった？」ハルパに聞く。

「母の世代も作れないの。祖母の代まで遡らないと。マサコは？」

「私は教わるチャンスを逃したわ。教わっとけばよかったなー、とは思うわね」

「代々、受け継ぐべきものよね」とハルパ。

失っちゃいけない文化よね、というのが私たち二人の共通した見解だった。

‡アイスランドのポピュラーな家庭料理とスイーツ

新婚旅行のときにハルパがアイスランドの伝統的料理をあれこれ出してくれたのだが、主に酢漬けやスモークされた肉や魚がテーブルに並んだ。もともと保存食として作られてきた料理で、残念ながら私たち日本人の口にはクセがありすぎて合わなかった。せっかく用意してくれた料理だったが、ほとんど手をつけずに残してしまった。悪いことをしたな、と今でも申し訳なく思っている。伝統的料理は手作りしなくなったとのことだが、では現代のアイスランドの家庭料理はどんなものなのだろうか？　少し紹介しよう。

まずは簡単なものから。手軽なディナーとして好まれているのは、大ぶりの魚の切り身（サーモンやタラ。日本で売っているような小さな切り身ではなく、半身丸ごとくらいの大きさのものが魚屋さんでは売られている）にスパイスミックス（レモンハーブやオレンジハーブなど）を振りかけて、オーブンでど〜んと焼くダイナミックな料理。前回、島一周の旅に出たとき、タラの加工工場を見学した。大きなタラを三枚におろすマシンが稼働していて、内臓取りや小骨取りこそ手作業だったが、それ以外はすべて機械化されておりびっくりしたのを覚えている。魚屋さんもそんな魚を仕入れてきてそのまま売っているのだろう。マグダレナさんの別荘でご馳走になったが、それに彩り豊かなゆで野菜を添えて食べる。クリームスープも好まれる。生クリームと牛乳を合わせ、アスパラガスなどの野菜を入れた、ポタージュ状のかなり濃厚なスープだ。

ちょっと手の込んだものとしては、グラタンのようなホワイトソースにシーフードをあれこれ入れてキャセロール皿で焼いたもの。ハルパもよく作る料理だ。どうやらお母さんに習ったらしく、ブロンデュオスの実家にお邪魔したとき、お母さんも作ってくれた。これにマカロニが入ることもある。

それと、これは伝統的料理といったほうがよいが、鯨のスモークも好まれている。

大雑把に言って、日本料理のような繊細さはあまり感じられない。彼らが日本に来たとしたら、懐石料理店に連れていってあげたい。小鉢に盛り付けたり、ひとりにひとつずつ作る茶碗蒸しなど見たら、さぞや驚くことであろう。

したがって、台所の食器棚も閑散《かんさん》としている。入っているのは大皿とスープ皿くらいだ。何でもかんでも（何種類もの料理を）大皿にのせて取り分けて食べるのが実際のところなのだから、小さな食器でゴチャゴチャする日本の家庭の食器棚とはまるで違う。整然としていていいけれど、なんとなく寂しく感じるのは、日本人なら私だけではないだろう。

そしてスイーツの大定番は、これ。アイスランディック・パンケーキである。こちらもマグダレナさんの別荘でいただいたが、母から子へ、子から孫へとレシピが伝わっていく伝統的なものだそうだ。このパンケーキ専用のフライパンさえあるのだから、驚き。作り方を聞いてきたので記しておこう。

〈材料〉四〜五人分

卵二〜三個、砂糖一デシリットル、小麦粉四カップ、ベーキングパウダー茶さじ二、溶かしマーガリン一〇〇グラム、バニラエッセンス・レモンエッセンス合わせて茶さじ三分の一、そのほか牛乳（生地の様子を見ながら徐々に加えていく）

〈作り方〉

材料をすべて一気によく混ぜて、クレープ生地より少し固めになったら、熱して油を薄く塗ったフライパンに流し込む。クレープより少し厚めな量を流し込んだら、弱火でうっすらと焦げ目がつくまで焼く。途中ひっくり返し、両面とも焼けたら出来上がり。

そのまま食べるほか、アイスクリームやフルーツ、チョコレートソースなど、好みのトッピングでデコレーションして食べてもよい。

‡野菜ギライの子は連れていけない国？

アイスランド人は総じて野菜を食べない。食べてもせいぜいサラダとか、トマト、キュウリ、パプリカくらいで、ごくたまにゆでたアスパラガスとか、ニンジン、ジャガイモ程度。

またこちらではパプリカは大胆に五～六ミリの幅にカットして生食することが多いらしい。サンドイッチの定番といえば、チーズ、ハム、パプリカ、トマト。

「あぁぁぁぁ、パプリカを生で食いたくねぇ！」夫が日本語で叫んだ。日本語だから、どうか目の前にいる、ハルパ、ヘルマン、シグリードゥにはわからなかったことを願う。お世話になっておいて、そのセリフは失礼というものだ。

野菜を積極的に摂らない国民性なので、もし子連れで旅行して、野菜ギライの子がそれを見たら、ほら、野菜も食べなさい、という親に、

「だってみんな食べてないじゃん！」と反論されること間違いなしだ。

ビタミンやミネラルを、アイスランド人はどこから摂っているのだろう？

長寿ということでは日本もアイスランドも同じくらい［二〇一六年男女の平均寿命は、日本が八十四・二歳、アイスランドが八十二・四歳／WHO（世界保健機関）による］だが、日本人の食生活には野菜がとても大きな位置を占めている。この食生活こそが体に良く、長寿の秘訣だ、というようなことをよく聞く。

しかし、アイスランド人は野菜の少ない肉食であって、日本人と同等の寿命を持つ。これはいったいどういうことなのか？　疑問だらけであるが、ハルパによれば、「きれいな空気と水、新鮮な魚があるからじゃないかしら？」だそうだ。

【コラム⑨　首都圏の住宅事情と遠距離通勤】

　首都レイキャヴィークは、今や人口爆発で大都市化した。地方からの移転者がどんどん増えて、以前（私が旅した一九九九年）はただの荒れ地だった郊外の溶岩流の土地にも多くの住宅が建つようになった。レイキャヴィークの隣町、コゥパヴォグルも北アイスランドの中心都市アークレイリを抜いて、人口が国内第二位の都市となった。

　ハルパによれば、不動産が高騰《こうとう》して、おいそれとは新築の家など建てられなくなったそうだ。事実、ハルパ宅（一戸建て）も大改築が必要な築五十年の物件である。ヘルマンが元大工の腕を活かして自らの手で改築中だが、それでも建築資材にはかなりの費用がかかるという。今度は地下にダイニングキッチンを新しく作るとかで、ハルパは

「これが私の新しいキッチンの設計図よ。完成するのが楽しみなの、うふふ」と見せてくれた。

　レイキャヴィーク市内に家を持つのが難しくなった現在、みんなが目を付けたのが、レイキャヴィークからハイウェイを飛ばして四十〜五十分で行ける、国際空港のあるケプラヴィークである。ハルパの兄スロースツルもレイキャヴィーク

で働いているけれど、自宅はケプラヴィークである。

このように遠距離通勤者はどんどん増えているようだ。アイスランドは鉄道がないため、移動手段はもっぱら車になるわけだが、やはり通勤時間帯にラッシュによる渋滞があるそうで、朝の八～九時と夕方の四～六時頃、道が混み合うというのこと。でも、日本ほどひどくはなく、スロースツルをイラつかせるほどではないとのこと。まあ、日本と比べ人口がケタ違いに少ないためだろう。

ところで、アイスランド人の家庭では、キッチンのシンク下にフタもしないで生ゴミを入れる箱を収納することになっているようだ（一九九九年の旅でも、ユースの共用キッチンでどこでも目にしたからハルパ家だけ、というわけではないのだろう）。アイスランドは寒くてゴキブリがいないから、こういったことが可能なのだ。

‡がんばれ姪っ子スンナ！ ナショナル・ハンドボール・リーグ

滞在六日目のこと、ハルパがこう言った。

「姪っ子（ハルパの妹・ヘルガの娘）のスンナがハンドボールのナショナル・チームに入っ

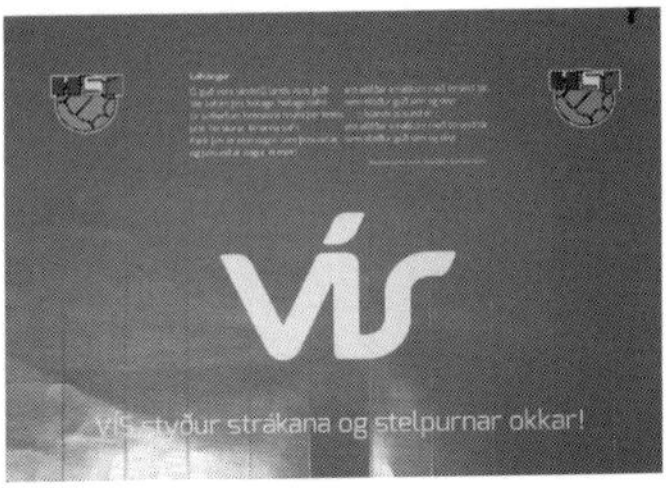

応援グッズ
表が国旗柄になっている

てるの。第一試合はもう間に合わないけど、第二試合だけでも応援に行くわ。一緒に来る？」

夫は、今日は疲れたから、部屋でのんびりしていたいと言う。

「残念だけど、セイイチは疲れたから休みたいって。ごめんね」

「ううん、いいのよ。留守番よろしくね。電話が鳴っても出なくていいから。アイスランド語、わかんないもんね」

笑いながらそう言って、ハルパたち三人は出かけていった。

部屋でゴロゴロしていたら、私もなんとなく眠りに落ちてしまい、気づけば三人が帰ってきていて、リビングのテレビの前でわいわいやっている。

「スンナのチーム、勝ったわよ！　次は決勝戦。勝てば、世界大会に出られるの。遅くなるから帰ってきたけど、テレビで中継してるから応援よ！」

スンナのチームが得点するたびに、ワー！　キャー！　と騒ぐ。

ああああ〜、と三人が急に落ち込んだので、「どうしたの？」と声をかけた。

「負けちゃった。世界大会への切符を逃したわ。あ〜あ、スンナも落ち込んでるでしょうね。まあ、しょうがないか。あ、そうそう、私たちがバンバンやってるこれ、お土産にもらってきたからあげる」

国旗の柄の、大きなボール紙。折れ線がついている。

「これをね、この折れ線に沿って折って、バンバンバンバンやるってわけ」

アイスランドで最もポピュラーなスポーツであるハンドボール。そんな国で、ナショナル・チームに入っているなんて、すごい姪っ子ちゃんだ。

【コラム⑩　健康づくりのため親しまれているスポーツ】

外気は寒くても、温泉水に恵まれたアイスランド。レイキャヴィーク市内だけでも七ヵ所温水プールがあり、早朝（六時半）から夜間（施設によって異なるが二十〜二十二時）まで営業している。水泳は、誰もがなじみのあるスポーツだ。ベビースイミングから高齢者の健康づくりにまでひと役買っている。小学校では、一年生から水泳のテストが課せられるという。

そのほかのスポーツとしては、たいていの少年がやるのがサッカー。二〇一八年のワールドカップ（W杯）ロシア大会では本大会に初出場し、残念ながら一次リーグで敗退したが、歴代最小国の奮闘が世界の話題

ベビースイミングを楽しむ
ハルパとシグリードゥ

となった（初戦の国内テレビ視聴率は九九・六％を記録したそうで、ハルパによれば、一日中、取り上げていたとか）。また、ハンドボールも人気があり、世界的レベルから見ても強い。前出の姪っ子スンナは小さい頃からハンドボールを続けていて、ついにはナショナル・チーム（女子）に抜擢された。男子ナショナル・チームはといえば、二〇〇八年北京五輪で銀メダルに輝いた（ちなみに二〇一七年、前ドイツ代表監督のアイスランド人、ダグル・シグルドソン氏が男子日本代表の監督に就任し、二〇二〇年の東京五輪を目指す）。その他、バスケットボールも国民に愛されているスポーツだ。

ハンドボールの試合を終えて
（前列右から3番目がシグリードゥ）

そしてまた、ちょっと郊外へ行けば楽しめる自然を生かしたフィールドアスレチック、ラフティング（ボートでの川下り）、乗馬、ゴルフ、海でのクルージング、釣りなどが挙げられる。健康な身体作りには国民の関心も高く、フィットネス的なスポーツやウエイトリフティングなどもとても人気がある。

意外なのは、ウィンタースポーツがそれほど盛んでないこと。スノーモービルやスキーがちょっと郊外へ行けば五月までできる反面、アイススケートのリンクは九～五月の冬季のみの営業である。冬は日照時間が短く、外での活動が制限されやすいからだろうか。前回の旅のとき、ハルパとイングヴィ、スーリードゥとともに市内唯一の屋内アイススケートリンクへ遊びに行った。ところが三人はほとんど滑ったことがなく、アイスランドより暖かい日本から来た私の方がずっとスケート慣れしていたことに驚いた。現在はもう一ヵ所リンクができたそうなのだが、やはり冬季のみの営業だという。

‡大人になったTWINS

さてさて。ハタチを超えて大人になったイングヴィとスーリードゥに会うことを楽しみにしていた私たちだったのだが、もうすっかり親離れしていた。イングヴィは家に帰ってきたりこなかったりだし、スーリードゥはレイキャヴィークより少し北のボルガネス(Borgarnes)にある国立農業大学の獣医学科へ進んで、近い将来ドイツで獣医学を本格的に学びたいという意志から、留学費用捻出《ねんしゅつ》のため長期住み込みアルバイトでレイキャヴィークを離れていて、顔を合わせることはなかった。イングヴィは国立アイスランド大学で工学エンジニアリング専攻、スーリードゥも理系という、ふたり揃って実に優秀な双子ちゃんなのだ。

イングヴィには将来を約束した恋人がいる。日本食ディナー・パーティに来てくれて、シグリードゥとも仲が良さそうにしていた。やー、一九九九年に私がアイスランドに来たとき六歳だったチビすけのイングヴィがこんなになるとはねえ。

イングヴィとスーリードゥの成人記念

スーリードゥとはどうしても顔を見たいからと言って、ハルパがスカイプで連絡を取ってくれたのだが、電波状態が良くなかったらしく、こちらからはボーッと顔を見ることができたが、スーリードゥ側からは私もハルパも画像が見えず、声だけしか聞こえないと言っていた。

イングヴィは若い頃のヘルマンそっくりの好青年、スーリードゥはハルパ×ヘルマンの半分こ似、といったところだろうか。ふたり揃ってのいい写真があるので、ここに紹介したい。

【コラム⑪　学校教育のもろもろの費用】

日本は、義務教育は以前から無償である。また、最近こそ公立高校の授業料が無償になり、私立高校も二〇二〇年度より一部、無償化されることになったが、五十代の私たち世代の頃は、たしか月一万円の月謝を払っていたと記憶している。私立高になれば、もっともっと親は出費しなければならなかっただろう。国公立・私立を問わず、大学教育にお金のかかることは誰もが知るところだ。

で、アイスランドだが、公立高でも年間二万五〇〇〇〜九万クローナかかるとのことである（学校によりバラツキがある）。もちろん私立高の費用はもっと高い。義務教育は日本と同じく公費で受けられるが、教科書は無償ではなく保護者が買わなくてはならないそうだ。そして大学教育は、国公立大学に限った情報だが、年間登録料七万五〇〇〇クローナがかかるだけ、とのことだった。他のプライベート大（日本の私立大にあたる）は、それより高い。これは明らかではないのだが、プライベート大では授業料のかかるところもあるようだ。アイスランドには全部で七つの大学があり、レイキャヴィークにある国立アイスランド大学（国内最大の総合大学。イングヴィが学ぶ）、ボルガネスにある国立農業大学（スーリードゥが学ぶ）、アークレイイリ大学（公立）、プライベート大学ではレイキャヴィーク大学（総合大学）（レイキャヴィーク）、美術大学（レイキャヴィーク）、農業・水産業専門大学のホゥラル（Hólar）大学［サウザルクロクール（Sauðarkrókur）（北アイスランドのブロンデュオスにも近い）］、ビジネス系大学のビフロゥスト（Bifröst）大学（ボルガネス）（ビジネス・法律・政経・哲学などを専攻できる）がある。

こう見てみると、義務教育および高校の学校教育に関しては、どちらかといえば日本の方が安上がりな印象だが、大学は国公立であればアイスランドに軍配が上がる。

‡下手の横好きフルート披露

「ねえ、マサコ。私の受け持っている幼稚園の子たちに、日本の楽曲を聴かせたいわ」

ハルパがこう言うのを聞いて、ドキッ！　とした。私がはるばる携えてきたフルートを子供たちの前で吹けということだからだ。

私はフルート教室ではあまり真面目な生徒ではなく（当時、もう三年も習っていたのだが）

熱心に通わずにいたので、いつまでも初心者の域を抜け出せずにいたのだから。ただ二つ、なんとかできる日本の曲があった。『浜辺の歌』と『朧《おぼろ》月夜』。それを吹こう、と決意した。前者はWalking along on the seashore、後者はMisty moon in the spring、と訳してハルパに説明してみた。

おチビちゃんたちが聴衆とは言え、やはり緊張するものだ。前日から猛練習。

「私は、楽器を習ったことがないので、譜面を読めないのよ」ハルパが言った。

「え～？　日本では幼稚園の先生はピアノ必須よ」と返したら、

「こちらでは、園に一人ピアノのできる先生がいればいいの。そして、教員養成学校を卒業していれば、幼稚園の先生になれるのよ」

まあ、こんな会話を交わしたのだが、当日は手に汗握る幼稚園行きとなった。幼稚園に着くと、ハルパの受け持つ四歳児二十五名とそのほかのクラスからもドドドドーッと、子供たちが集まってきた。年齢別保育、ときっちり決まっているわけではないそうだ。

ハルパにフルートを指導中!?
（撮影：Sigríður Berglind）

演奏中のことは緊張して覚えていない。無我夢中だった。ただ、救いだったのは、同行した夫が「それなりに吹けてたよ」と言ってくれたことだ。

ハルパが「じゃあ、お礼に子供たちが歌を歌うわね」と英語で言ってくれ、以下、アイスランド語で子供たちに、「お礼に歌を歌いましょう、ハイ、イチ、ニ、サン！」というようなことを言ったのだろう、かわいい合唱が始まる。

聞いたことのあるメロディが流れてきた。私も幼稚園か小学校低学年のとき習った歌、フランス民謡の『かねがなる』だった。「この歌知ってる」とハルパに言うと、即アイスランド語に通訳、子供たちはニコニコした。

ハルパが勤める幼稚園

「フルート吹いてみたい人！」の問いには、三人の小さな手が挙がった。

「楽器を習っている人！」の問いには、結構な数の手が挙がった。ピアノがほとんどだったが、なかにはクラリネット、バイオリン、といった変わり種も。

「今、手を挙げた子たちなら、この譜面が読めるんじゃないかな？」とハルパに言ってみると、「まあねえ、まだ小さいからどうだかわからないわよ」との返事。

そして、幼稚園を後にしたわけだが、ハルパ先生は夕方、家に帰るなり私に、「みんなね、『今日、日本からフルートを吹くおばちゃんが幼稚園に来たんだよ!』って、お迎えに来た親に喜々として報告していたわ」、と。

音楽って、世界の共通語だ。しかし、恥ずかしい……、という気持ちは拭《ぬぐ》いきれない私であった。

【コラム⑫ アイドルがいない!】

あるとき、末娘のシグリードゥからこんな質問を受けた。

「日本の歌手で、十代の女の子にウケてるのってどんなアーティストなの?」

「ん~、きゃりーぱみゅぱみゅかな? 中高生はこぞって聴いてるよ」

そして、リビングにある雑誌の山に目を向けると、私たちが訪氷するのに備えて読んだのか、JAPANという特集を組んだ英語の雑誌があった。パラパラとページをめくってみたら、きゃりーぱみゅぱみゅが写真入りで載っていた。

「これこれ、この記事、きゃりーぱみゅぱみゅだよ。読んでごらん」

「ふ~ん」とシグリードゥ。

最初こそこれといった反応のなかった彼女だが、タブレットを持ってきて

YouTubeで検索を始めた。するとどうしたことか、彼女の目が輝きだす。

「きゃりー最高！〝もったいないとらんど〟イイ！〝つけまつける〟と〝ゆめのはじまりんりん〟もイイ！ ねえ、日本に行ったら、彼女のコンサート観られる？」

「ん～。コンサートのスケジュールが合うかなあ」

「やだやだ、絶対観るんだぁ！」

そう、アイスランドは音楽活動が盛んでアーティストはたくさんいるのだが、「アイドル」がいないのである。キャーキャー追っかけをしたりする文化のない国のティーンエイジャーには、アイドルという存在がうらやましく映るらしい。

ひらがなをシグリードゥに教える
（撮影：Harpa）

Ⅳ　アイスランドの暮らしと政治

‡高い税金

少し難しいかもしれないが、税金の話をしよう。日本のように税率が低く、その分福祉や医療にお金のかかる国を「小さな政府」、北欧諸国のように税率が高く、しかし福祉や医療にお金のかからない国を「大きな政府」、と呼ぶことをご存知の方は多いだろう。アイスランドも大きな政府のひとつだ。ちなみに病院で一回初診の問診を受けると一二〇〇クローナかかり、血液検査をすると二一〇〇クローナかかる（二〇一五年）。その後も外来で診てもらうたびにいくらかずつかかるが、入院が必要と診断された場合には、入院費用はかからないのである。

所得税は大方の自治体で三七・三%、一部の自治体で三九・九四%という税率だとのことである。ただし月々、所得税のディスカウントがあるため、それほど高いという印象はないそうだ。

日本の消費税に相当するのがアイスランドでは付加価値税（VAT）と呼ばれ、宿泊費、食品、書籍などには一一%、その他の物品には二五・五%の高い税率が課されている。

‡アイスランドの福祉

ごく一部の社会福祉に限ったことしか述べられないが、北欧といえば福祉が充実している、との意味合いから、ここで少し触れてみたい。

日本でも最近広がりつつある障害者雇用など、障害者に対する社会の敷居が低くなり、また以前に比べて障害者への偏見が取り払われつつある。では、アイスランドではどうなのだろうか。

まず、アイスランドでは憲法においては特に障害者に対して言及していない。法律として「障害者法」があるのみである。障害者問題に対応するのは二省で、中心となっているのは「社会福祉省」だ。プラス、医学リハビリなどを含む保健・障害年金・労災や職業病などへの補償を担当し、「教育科学文化省」が障害者・障害児の教育に当たる。中心となっている社会福祉省が取り扱う障害分野の法律が障害者法である。対象は、精神障害・病気の後遺症による障害・身体障害・事故による障害・失明や難聴・慢性疾患等すべての障害者をカバーしている（佐藤久夫「アイスランド障害者法」『日本社会事業大学紀要』四二、一九九六年を参照のうえ、一部、改訂）。

またこれも、日本で話題となっている少子高齢化。晩婚化・非婚化が進み、子供が少なく高齢者が多い、というものだがアイスランドではどうなのであろうか。

ハルパの話によれば、確かにアイスランドも高齢化が進んでいないとはいえないそうだ。ただ、日本のような極端な少子化は見られないという。将来働く若い世代が多いので、それほどは少子化が問題になっていないとのこと。その背景には、女性が子供を産み育てるためのバックアップ体制が整っていることがあげられる。出産後職場に復帰する女性は八割を占める。産休・育休を取っても復帰後のポストが職場にちゃんと用意されているからだ。また、男性も積極的に育休を取る。これらは「産休・育休制度法」という法律できちんと守られている。

日本はどうだろう。産休・育休を取って復帰してみたらそれまでのポストがないばかりか減給すらある。これではおちおち休んでもいられない。男性の育休取得率はここ数年、上昇しているものの、二〇一七年度で五％程度で、半日だけ、一日だけ育休を取った人も含まれているというのだからなんとも情けないことだ。日本の育休制度は両親ともに原則、一年で給付金は六七％（半年以降は五〇％）。パパママ育休プラス制度の導入や、二〇一七年十月より、子供の預け先が見つからない場合には、二歳まで再延長が可能となるなど、改善が進んでいるというのに「うわべだけの制度」でしかないのだ。これでは女性の晩婚・非婚も進むはずだ。

そして仮に結婚し子供ができたとしよう。何か仕事をしたいから子供を保育園に預けて……、と考えると一～二歳児のうちに保育園に入らないと、それ以上の年齢の子供が入るのは大変難しい。つまり待機児童の問題を避けて通れないのだ。アイスランドでは二歳児は全員が入れる。仮に入れなかったとしても職場へ連れて行くことができる。デスクの横にベビーカー、というのが日常よく見かける風景になっているというのだから、なんとも羨ましいことであるとともにほほえましい。タレントのアグネス・チャンが、子供を連れて仕事に行ったことで論争になったのは三十年も前のことだが、最近でも熊本市議が子連れで議場に入り、賛否両論の騒動となった。個人的には、いまだにこうした日本の状況を考えるきっかけを与えてくれたと評価したい。

高齢者に目を向けたらどうだろう? アイスランドにももちろん「高齢者法」はある（日本の「老人福祉法」にあたる）。六十七歳に達すると年金が支給されるようになる。退職して家庭にいる人、何らかの施設に入っている人のうち過去十二ヵ月以内に六ヵ月以上アイスランドに居住する人（つまり国籍は問わない）、看護病棟や国家予算でカバーされる医療機関に収容されている人も含む。日本でいうシルバー人材センターのようなところに世話になって職を得、業務をこなしている健康な人も含める。もう仕事は十分、と考える人も、まだまだ働きたい、と考える人もすべてがオーライなのだ。

ちょっと難しい話が続いたので、政治は政治でもユニークな話題に切り替えることにしよう。

‡外来語の導入を気遣うアイスランド

アイスランドは、英語とデンマーク語が必修科目になっている。これら二言語のうち公用語（母語）であるアイスランド語と英語は、普通に教育を受けた人なら大体、読む・書く・聞く・話すことができる。だからアイスランド語がまったく分からない私でも、英語が通じるので安心して旅をすることができた（デンマーク語は形だけの教育で、皆あまり積極的に学ばないようだ）。

しかし、全国民がたったの三十数万人という小国だけあって、自分たち独自のアイスランド語を大切にしないとすぐ他の言語の乗っ取りに遭う、という危機感から、外来語の導入にはことさら気を遣っているのだ。

そこで、新語審議委員会の登場である。前著『増補版　アイスランド紀行』で紹介したが、学識者、有識者等の意見を取り入れてきちんとアイスランド語を守ろう、外来語の氾濫《はんらん》を防ごう、という目的で設けられた機関だ。

たとえば、最近ではとても身近になったコンピュータ。日本では英語をそのまま外来語としてカタカナ語に取り入れてしまうが、アイスランドではそうではない。コンピュータ、という新しい単語を何と言うか。答えは「tölva（トゥルヴァ）」というまったく新しい造語なのである。造語とはいっても、もともとアイスランド語から作られた単語であるから、日本のコンピュータ、よりはずっと母語を大切にしている、といえる。

しかし、「コンピュータ」は造語が作られたが、近年のIT分野関連の単語には、そっくりそのまま英語を当てはめる例も多いとのこと。日進月歩のIT分野では、あまりに新しい単語が次々と出てきて、いちいちアイスランド語にしているわけにもいかないのだという。つまりは、新語審議委員会もお手上げ、の状態らしい。

なかには、携帯電話（farsími＝持って行ける電話）のように直訳してみたり、モニター（skjár＝本来、窓という意味の単語だがテレビやコンピュータなど、電気製品に対して使われるときのみ〝画面〟の意になる）のように別の単語を当てはめてみたり、といった苦肉の策がとられているようだが。

こんなアイスランドでも、若者はカッコいいから、という理由だけで、外来語をバンバン使う傾向も否定できないことが懸念されている。古くから伝わる言葉を大切にするように、と幼稚園や小学校では、昔話の読み聞かせも積極的に行なわれているとのことだ。

次に示したイラストでは、新語審議委員会のことをおもしろおかしく紹介している。

1　ある男が外来語と遭遇する。「これは見聞きしたことのない単語だぞ」
2　男は考える。「いったいなんというアイスランド語にしたらいいんだろう?」
3　男はさらに考える。「う〜ん、う〜ん……ぴったりくる訳語が見当たらない」
4　男は考えすぎておかしくなる。「ははは—！　もうどうでもいいや！」

だから、新語審議委員会が必要なのです、と最後にキメ文句がある。

✣コメディアン市長——ヨゥン・ナール・クリスティンソン氏

レイキャヴィークの以前の市長（二〇一〇年の市議会選で当選した）は元コメディアンだった。日本で「そのまんま東」、すなわち東国原《ひがしこくばる》英夫氏が選挙で宮崎県知事に選ばれたのと同じようなものだ。東国原氏は何かと話題にされたが、知事としての責務をこなして任期満了とともに次の知事に席を譲った。

さて、そのかなり名の知れたコメディアン、ヨゥン・ナール・クリスティンソン（Jón Gnarr Kristinsson）氏。彼は「ベスト党」を結成し、レイキャヴィーク市議選に臨んだ。ティナ・ターナーの『シンプリー・ザ・ベスト』の替え歌に彼のスローガンを盛り込んでYouTubeに投稿した。実際は他の党を茶化して選挙を盛り上げるのが目的だったようで、替え歌に謳《うた》われた汚職の排除や税金の無駄使いの是正はともかく、ディズニーランドの誘致や市立動物園でのシロクマの保護飼育もスローガンに入っていた。選挙が行なわれてみると、二〇〇八年の金融危機への市民の不満をすくいとり、ベスト党は十五議席中六議席を獲得して第一党となり、コメディアン市長が誕生したのである。

ディズニーランドの誘致等、公約は実現しなかったが、温暖化で流氷と共に流れ着いたシロクマを保護すべきだ、との問題提起はできた。また、ハルパが「ときたま、おもしろおかしい話題を提供してくれたけどね」と言うように、年一回みんなが挨拶しあう日を作ったり、ウェブサイト上でプロジェクトや優先課題を提案し、市民に意見を求めたりと、市民目線の政治を行なった。

タレント性が政治という仕事をこなせることに結びつく、というのは、なかなか難しいことなのかもしれないが、「生き返ることができたなら、またレイキャヴィーク市民でありたい」、との言葉を在任時代に残し、四年の任期を務めた。

‡ヘルマンの会社と国家破綻、一生涯続く公務員資格

二〇〇八年秋、アイスランドが国家破綻《はたん》した、というニュースが記憶に残る方は多いだろう。リーマン・ショック後、それまでのバブルがはじけ、世界的にも経済が混迷状態に陥った時のことだ。

ヘルマンは警察学校卒で、以前は警察官をしていたが、二〇〇一年に解体業をメインとした会社を興《おこ》し、この時には従業員三十五名を抱えるまでに成長していた。大多数の会社が倒産の危機に追い込まれる中で、彼はどう非常事態を乗り切ったのであろうか。

「どんな会社もあのような状況のなかで乗り切るのはとても大変なことだったし、もちろん僕の会社もそうだった。僕の取った施策は、まず人件費を切り詰めること。納得いくだけの金額を支払って会社を辞めてもらったんだ。とくに他国からの出稼ぎだった人を中心にね。母国で仕事を探してくれ、と冷たいようだが国に帰ってもらった。これだけでかなりのお金を費やした。どこも借金の申し入れを受け付けてくれなかったからね。現在、ようやく光が見えてきたところだよ。何とか乗り切ったぞ、ビジネスを続けられるぞ、という、ね。多数の企業が倒産に追い込まれるなかで、僕の会社は何とか勝ち残ったんだ」

ヘルマンの会社は、幸いにも倒産を免れたわけだが、

「まあ、倒産しても食べてはいけるのさ。警察官の資格を持っているからね」と、さらり

と言った。

え？　また警察官に戻れるの？　日本では、警察官は確かに公務員だが、いったん辞めたらその資格を失う。役所（県庁、市役所、区役所、町村役場など）勤務の公務員や消防職員なども、日本では一度辞めたら、また公務員試験を受けて合格しない限り（しかも年齢制限がある）、元のような公務員には戻れない。

ところがアイスランドでは、一度手にした公務員資格は一生涯保障されているものなのだという。だから、万が一ヘルマンの会社がダメになっても、警察官に戻って食べていけるのである。やりたくて始めた自分の会社を潰《つぶ》すのはもちろん腑《ふ》に落ちないだろうが、公務員に戻れるというのは本当にうらやましい。

アイスランドの警察官

普通のサラリーマンだったら、失業したとき路頭に迷うだろう。実際、あの国家破綻の時は大変だったと聞いている。もちろん、今でも仕事を求めて苦労している、とくに五十代以上の人が多いと耳にしている。

ハルパも幼稚園教諭という資格を持っているので、失業せずに済んだ。しっかりと保障がある職業に就いているということは、その身を助けるのである。

V　お祭り好きなアイスランド人

‡ヴァイキング・フェスティバル

その昔、ヴァイキングたちはシーズンの始まる日をチェックすることで、一年を夏と冬の二つに分けていた。夏は夏至をもって始まるものとし、夏の日照時間の一番長い日、つまり六月二十一日に夏の始まりを盛大に祝った。この夏至を祝うということが現代にも受け継がれてきた。近年では、さまざまな集会が開かれたり、歌を歌い踊ったりというものから、夜中の十二時に街へ繰り出すといったものが人気を集めている。

ハフナフィヨズル（Hafnarfjörður）の一角にあるヴァイキングの村（レイキャヴィークに隣接する国内第三位の規模の市）では、毎年ヴァイキング・フェスティバルが開かれ、市内にある演劇学校の生徒たちがヴァイキング時代の衣装を身にまとい、当時の楽器を打ち鳴らすなど、ヴァイキングが客を受け入れるホストとなるのである。また、ヴァイキング時代の鍛冶屋《かじ》（本当に火を焚《た》いてトンテンカンテンやっている）があったり、木製の装飾品を手作りしたりして売っている女性などもいて、食べ物・飲み物も用意されている。たいていは、六月五日に続く二番目の週末がイベントの期間である。

このお祭り騒ぎにハルパとシグリードゥ、私たち夫婦で出かけた（もちろん入場料が必要で、このときは九〇〇クローナだった）。

「私の同級生も、寸劇に出てたりするのよ」ハルパが言う。

「写真を撮らせてください」と、ある恰幅《かっぷく》のいいヴァイキングの衣装を着た男性に声をかけると、しっかりポーズをとって応じてくれた。

そしていよいよ、巧みな（というかわざとらしい）寸劇の始まり。これにはテレビ局の取材も来ていた。写真を撮るためいい場所を陣取っていたら、なんとテレビカメラがこちらを撮影しているではないか。もしかして私たち、テレビに出ちゃった？

実演する鍛冶屋

羊の丸焼き

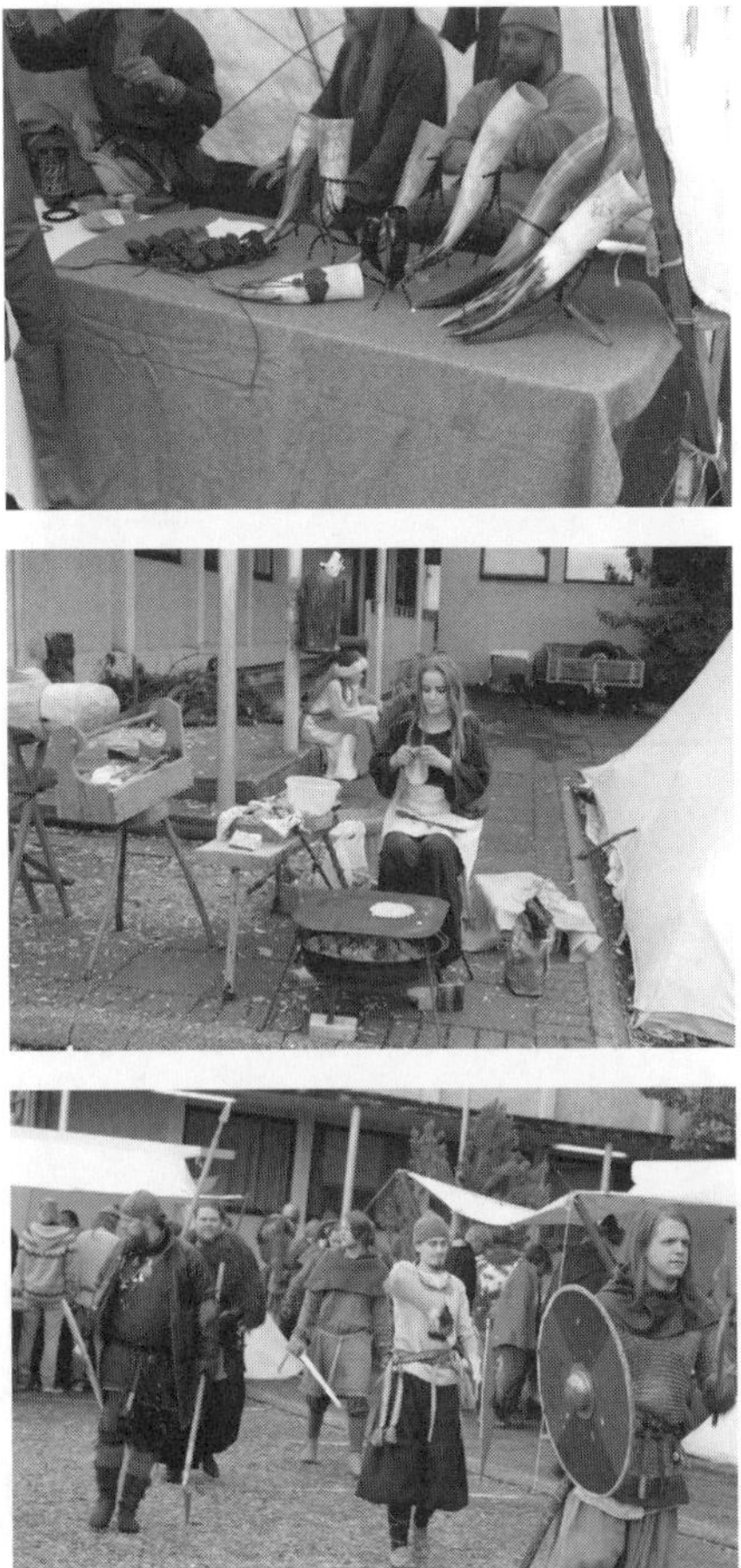

ヴァイキング・フェスティバルの様子

✣独立記念日のセレモニーとパレード

独立記念日当日、六月十七日は小雨のパラつく天候だった。朝の十時半頃、パンパンと花火が鳴り、十一時から市長が挨拶に立つ。市長は前日にヨゥン・ナール氏から引き継いだばかりのダーガル・ベルグトールソン・エッゲルトソン(Dagur Bergþóruson Eggertsson) 氏（二〇〇七〜〇八年に三ヵ月ほど市長を務めたことがある）。

国会議事堂前の広場はあふれんばかりの人でごった返していた。民族衣装をまとった女性が華を添えている。市長の挨拶に続いて、大統領が独立運動の父、ヨゥン・シグルズソン(Jón Sigurðsson)の像に献花。ヨゥン・シグルズソンは一九四四年の独立前、一八七九年に亡くなっているが、誕生日が独立記念日とされている。

ヨゥン・シグルズソンの像

献花セレモニーの後、
大役を終えてくつろぐ女性たち

セレモニーは三十分ほどで終わり、次に行なわれるパレードをひと目見ようと群衆は目抜き通りのロイガヴェーグルへと流れていく。私たちはここでランチ。店はどこもいっぱいだったが、なんとか空席のある、近くにあったカフェ・パリス(Cafe Paris)で食事をしようということになった。パリの街角にあるカフェテリア風のお店だ。「この店はレイキャヴィークで美味しいと評判の店でね」、とヘルマン。でもメニューはアメリカンで、出てきた料理はベーコンやハム+卵+パンケーキ。私の食べられるものといったら目玉焼きくらいだった。この肉のオンパレード、肉の好きな夫は大喜びしていたけれど。お酒付きで楽しくランチタイムを過ごしたまではよかったが、ちょっとハルパとおしゃべりに花を咲かせている間に、あっ、と思ったらヘルマンに全額ご馳走してもらうことになってしまい、申し訳なかった。

カフェ・パリスで友人と談笑する
シグリードゥ(左)

さて、パレード見物に繰り出すぞー、と早めにランチを切り上げロイガヴェーグル通りへ向かう。西進してくる鼓笛隊とラキャルガータ(Lækjargata)通りを南下してきた鼓笛隊のクロスする交差点のあたりは見物客で大賑わい。鼓笛隊は見事な演奏を披露していたが、日本でいう警察または消防のブラスバンドという形容をすると、感じがつかめるのではないだろうか。

通りには伝統的な衣装の人や、さまざまにコスプレしている人がたくさんいて、場を盛り上げていた。

知人が「アイスランドへ行ったら、ぜひ食べてきてね」と言っていたスキール・コンフェクト。ハルパに聞いてみると、レイキャヴィーク市内では二店のお菓子屋さんでしか取り扱いがないとのことで、独立記念日に街へ出る際、そのうちの一店が近いから、行って探すといいわ、とアドバイスしてくれた。

パレードも終わり人もまばらになった頃、そのお菓子屋さんに入ってみた。「お客さん、ついてるよ。最後の一箱だ」と店主が取り出してきた可愛らしいパッケージ。**Skyr Konfekt** と読みとれた。ハルパの発音だと、それまで「スキア、スキア」と信じ込んでいたのだが、綴りからは「スキール」が正しいようだ。シグリードゥが「食べたことない」と言うから、家へ帰って一緒に試食。味はかなり濃厚なチーズケーキ＋ホワイトチョコレート、といった感じであった。

外国の祝日はお店も閉まってしまうことをご存知の方も多いと思うが、独立記念日もしかり。目抜き通りの店やカフェ、レストランはともかく、それ以外の店はみなシャッターを下ろしていた。休日に必要な物の準備は前日までに、が正解である。

独立記念日のパレードで演奏する鼓笛隊

【コラム⑬　大晦日のフィーバー】

年越しも、日本同様の一大イベントだ。が、海外へ出国ラッシュなんてことをする日本とは違う。

大晦日は、家で美味しい料理を作って食べたり、ワインを飲んだりし、親しい友人を招いて家族とともに過ごす時間を大切にする。

深夜十二時が近づくと、外へ出て誰もかれもが花火を打ち上げる。ハルパの家でも庭で、小さな打ち上げ花火を上げるそうだ。ハルパは言う。

「想像してみて。みんながみんな街中で一斉に花火を打ち上げたらどうなるか。それはそれは派手で信じられない光景になるわ。一時間以上もそれが続くんですもの」

そのあとは、家に戻るかダウンタウンへ繰り出して、夜遅いパーティを楽しむのだそうだ。家ではテレビをつけると、昨年の出来事をおもしろおかしく振り返るコメディ・ショーが三十分ほど放映されて、家族みんなで大笑い。この番組Aramótaskaup《アゥウラムオゥタスカウプ》の視聴率はすごく高いということである。今はそれほどでもなくなったが、日本も以前は『NHK紅白歌合戦』と『ゆく年くる年』は高視聴率を誇っていた。それと似たようなものなのであろう。

【コラム⑭　雨の日に傘を差していたら外国人旅行者と思え】

このタイトルを口にしたのはヘルマンである。アイスランドはほぼ全土風が強いので、ちゃちな傘は役に立たないだけでなく、すぐに壊れてムダになるだけなのだそうだ。

アイスランド人はそれを知っているから、雨の日は上下セパレーツのレインウエアを着るとのこと。日本で台風の日に傘を壊した経験者は多いであろう。それと同じと思えばよい。

六月十七日の独立記念日は幸いにも風が弱かったので、私が傘を差したら、「マサコ、キミも外国人旅行者然としているね」そう言われてしまった。

レイキャヴィークも、海に面して開けた港町のため、海側からの風がものすごい。北大西洋上には常に低気圧があり、アイスランド付近は風が強く天気の変わりやすい気候だということも、過去二度の訪氷で実体験し知っていた。十五年前の旅で地方の農業地帯へ行ったときも、温室という温室は強風に耐えられるよう、すべてガラス製のがっしりしたものであった。ハルパが言うには「洗濯物を室内干しするのも強風とお天気屋さんの天気のせいなのよ。フルタイムの共働き家庭が多いから、ささっと洗濯物を取り込むこともできないし」とのことだ。

雨の日もアイスランドを満喫したいなら、レインウエアは必携品である。市内散策だけでなく、バスツアーなどで巡る際もレインウエアは役に立つ。アイスランドは全般的に天気の移り変わりが激しいのだ。朝、キレイに晴れていても、突然の雨雲の襲来でザーッと降り出すことがあった時のために備えておきたい。

‡滞在最終日のイベント——一大リゾート地、ブルーラグーンへ

アイスランド最終日。ハルパに、レイキャヴィークの西約四〇キロ、レイキャネス(Reykjanes)半島にあるブルーラグーン(Blue Lagoon / Bláa Lónið)まで連れていってもらった。

ブルーラグーンは近くの地熱発電所で発電に使った温泉水を引いて作られた人工湖なのだが、湖がひとつまるごと温泉、というダイナミックなものだ。以前(新婚旅行時とひとりで回った二ヵ月の旅の頃)はとても小規模であった。が、この温泉の温泉水や底に溜まる泥が乾癬《かんせん》治療にとても効果があると証明されたため有名になり、定期的入浴およびマッサージ(ブルーラグーンで産出する天然のスキンケア製品を使用)などの入院治療のできるク

リニックも併設されたと聞いていた。ネットでその変貌ぶりは知っていたが、想像を上回る大開発に目を見張った。

昔の、田舎のペンションが共同浴場も営んでいる、といった趣はひとかけらもなくなっていた。まあ、もともと人工の巨大露天風呂だから、開発が進んでも自然破壊ではないので構わないと思うが。

ブルーラグーンのビルのエントランス

スキンケア商品のショップ
レイキャヴィーク市内にも進出している

大きく立派なビルが建ち、そこにロッカールームもレストランもお土産屋さんも入っている。素足で歩くと危なかった通路はきれいに舗装され、来場者に気を配っている様子がうかがえた。

入湯料も跳ね上がった。大人一人六〇〇〇クローナである（二〇一八年現在はネット予約をするか、もしくはブルーラグーンのデイ・ツアーに参加して入場。ひとりでふらりと行っても入れないようである）。あるスタッフに声をかけてみた。

「ずうっと前の話ですけど、たしか三〇〇クローナで入れましたよね？」と。

「ええ、私もここでずっと働いていますので、その頃を知っていますよ」

「高くなりましたねえ」

「まあ、これだけ設備投資しましたから。申し訳ございません」

今回は夫のみ中に入り、代わりに私がカメラマンを引き受けた。その入場料だけでも一五〇〇クローナした。

ブルーラグーン全体が見渡せる展望台があったので、そこに上がって写真を数枚撮った。その後、温泉の際まで行ける遊歩道（？）を歩いて、入湯中の人たちの様子を数カット。すると夫が私を見つけて近寄ってきた。

人の入っていないラグーンは、静寂に包まれている

底にたまった泥を顔に塗ってスキンケア

「立派な施設になったけど、六〇〇〇クローナは高いよなあ。一日中いるなら、出たり入ったり、また食事でもして楽しめるかもしれないからまあ許せる。でも一時間やそこらいるだけっていうんじゃ口惜しい」

「私も、入って写真を撮るだけで一五〇〇クローナも取られるんじゃちょっとなあ、って思うよ」

「しかし、中国からの観光客が多いなあ」

「欧米人より多い気が私もする」

「もうひと風呂入ったら上がるよ。ロッカールームの入口にでもいて」

ハルパは私たちがブルーラグーンにいるあいだ中、駐車場で待っていてくれた。このあと、空港近くのゲストハウスまで乗せてってもらう約束だ。

「ヒマだったでしょ？　退屈しなかった？」

「本を持ってきていたからずっと読んでたし、大丈夫よ」

「本当に、何から何までありがとう。すごく楽しい旅だったわ」

「寂しくなるわ、あなたたちが帰っちゃうと」

そして、ゲストハウスに着いた。

私たちは抱き合って別れを惜しんだ。

⁑三度目の訪問を終えて――あとがき代わりに

「日本って、いつ頃がベストシーズンなんだい?」

ヘルマンが言った。

「え?　ひょっとして来日するの?」

「うん。子供たちも英語がわかるようになったし、君たち二人を訪ねようと思うんだ」

きゃー!

「十月頃が、暑くもなく寒くもなく、晴れの日も多いし、ベストといえるかな?」

「そうだね」夫もうなずいた。

「私たちの家に泊まってよ。畳の部屋がまるまる空いているから、日本に来た気分が味わえるよ」

「じゃ、決まり!　近い将来の十月に東京で会おうね」

「成田国際空港からは電車が複雑だから、車で迎えに行くわ」

「わーい、きゃりーぱみゅぱみゅのコンサート～♪」シグリードゥも乗り気だ。

彼らが来日したら、どこを見せてあげようか。ディズニーリゾートは必須だな。京都も行きたいって言うだろうし。富士山も五合目までは道路が整備されているから、車で連れていってあげられる。あとは、実にマイナーだが、うちの近所にある川崎市立日本民家園は日本のアウルバイル野外民俗博物館（RCCで入ることのできる、レイキャヴィーク近郊の野外民俗博物館）だ、と紹介できる。現在、夫とそんな話をしている。ガイド兼通訳は私になるだろう。

よ～し、TOEICに挑戦したり、ラジオ英会話を聴いたりして英語を忘れないようにしておかなくちゃ。今から楽しみだ。


本書の冒頭に書いたとおり、私たち夫婦とアイスランドの付き合いはとても長い。新婚旅行に始まり、二度目は私個人の島一周冒険旅行を含んだ二ヵ月にわたる旅、そして今回、アイスランド人の家庭はどんなものなんだろうと、ハルパ＆ヘルマン夫妻宅に七泊ほどお世話になった三度目の旅。

末っ子のシグリードゥとは初対面で、その成長ぶりは写真で見ていたが、実際に会ってみるとキュートで頭のいい《スマートな》ティーンエイジャーだった。日本語のひらがなに興味を示し、夜遅くまで、あ・い・う・え・お etc. と日本語を教えることもたびたび。日本へ帰国後、幼児向けのひらがなドリルの解説を英訳するとともに、読み方にはローマ字でふりがなをふってプレゼントしたら、ものすごく喜んでくれ、嬉しかった。

一九九九年に訪問したとき六歳だったチビすけのイングヴィには、将来を約束したガールフレンドができ、本人は国立アイスランド大学で工学エンジニアリングを専攻する秀才。その双子のスーリードゥも獣医を目指して猛勉強中の国立農業大学の大学生。

今回の旅ほど、月日の流れの速さを実感したことはなかった。私と同い年のヘルマンは会社を興してそこの社長だし、二歳年下のハルパもすっかり幼稚園教諭が板に付いていた。アイスランド自体の変化は、そのインフレの激しさに驚いたが、リーマン・ショック後の厳しさを乗り越えた強さが見受けられた。私たち夫婦はどうだろうか？　と自問自答すると、なんだか以前とあまり変わっていないような……。そうそう、進歩といえば、私が大卒になったことくらいかもしれない。

今までの旅で、冬のどことない閉塞感も、夏の緑あふれる解放感も両方見てきたが、特筆すべきは、大自然をそのままにして周辺の施設を充実させていたことだ。素晴らしい国だと思う。それに比べて日本は……というと、何かしら観光資源が見つかるとその周りに土産物屋が軒を連ねるようになり、見物しやすいようにとすぐ人の手が入る。そんなものはいらない。自然破壊もいいところだ、と私は思う。自然は自然のあるがままの姿を保つようにしてほしいと願うのは私だけではないはずである。

日本バッシングをするつもりはさらさらないが、小さな国ではあるけれども、先に挙げたように自然を大切にするとか、クリーンエネルギーを有効活用するなど、アイスランドに見習うべきところはたくさんあると思う。そしてこの本が多くの人に読まれ、アイスランド・ファンが増えることを切に願っている。

最後になったが、出版不況の中、再び私にアイスランドについて書く機会を与えてくださった彩流社社長の竹内淳夫氏と、原稿段階から編集にいたるまで数多くの的確なアドバイスと細かな指示をくださった真鍋知子さんに心から感謝する。そして巻末の「旅の情報ノート」をまとめてくれた夫、小林清一にも礼を述べたい。

二〇一八年初夏・川崎市の自宅にて

小林　理子

福祉国家の観光開発

978-4-7791-2493-8 C0036(18.07)

北欧の新産業戦略と日本　　藪長千乃・藤本祐司編著

「休まぬ者、働くべからず」の北欧から、働き方改革のヒントを見つける。ツーリズム産業において、観光・旅行に積極的な北欧人の「需要サイド」に焦点を当て、北欧の観光開発と雇用創出の現在を分析。コラム「成長するアイスランドのツーリズム」収録。Ａ５判並製　2400円＋税

旅する平和学

978-4-7791-2303-0 C0036(17.03)

世界の戦地を歩き 傷跡から考える　　前田 朗著

アフガニスタン、朝鮮半島、中米カリブ海、アフリカ、ヨーロッパ、米国、アイヌ、沖縄――世界の紛争地や戦争の傷跡が残る地を旅し、人々との出会いから戦争と平和のリアリズムを見直す。「米軍が撤退したアイスランド」収録。　Ａ５判並製　2000円＋税

デンマーク国民をつくった歴史教科書

978-4-7791-1867-8 C0022(13.02)

Danmarks Historie　　ニコリーネ・マリーイ・ヘルムス著／村井誠人・大溪太郎訳

デンマークの国民はいかにしてできあがり、そして自国に誇りをもつようになったのか？デンマークの国民学校（小・中学校）で読まれ続けてきた歴史教科書を通して知る北欧の王国の歴史。図版多数・詳細な年表・訳註・解題付。　Ａ５判並製　3200円＋税

カール・ニールセン自伝　フューン島の少年時代

978-4-7791-2171-5 C0073(15.09)

デンマークの国民的作曲家　　カール・ニールセン著／長島要一訳

グリーグ、シベリウスと並び、北欧を代表するデンマークの作曲家カール・ニールセンが晩年に発表した自伝文学の傑作。詳細な「訳者解説」と年表・主要作品一覧・家系図・地図等を付し、ニールセンの生涯と音楽世界を紹介する。生誕150年記念出版。四六判上製　2800円＋税

アンデルセンの幸せ探し

978-4-7791-1133-4 C0098(05.11)

遊佐礼子著

アンデルセンは諸国を旅して集めた民話や民謡を下地に多くの作品を書いた。ハッピーエンドではない作品に込めた彼の生きる哲学とは。「死」をとおして生きることの意味を考えつづけたアンデルセンの作品世界を詩人が旅する。　四六判上製　2000円＋税

スウェーデン・モデル

978-4-7791-7045-4 C0336(16.01)

グローバリゼーション・揺らぎ・挑戦　フィギュール彩㊻　　岡澤憲芙・斉藤弥生編著

200年間戦争を起こしていない北欧の福祉国家が実行している「スウェーデン・モデル」。「女性問題」「高齢者問題」「移民問題」という大きな柱を中心に、各ジャンルの第一人者たちが完全書き下ろし、北欧の「実験国家」の全貌に迫る。　四六判並製　2200円＋税

男女機会均等社会への挑戦

978-4-7791-7024-9 C0336(14.12)

【新版】おんなたちのスウェーデン　フィギュール彩㉓　　岡沢憲芙著

「男は仕事、女は家庭」という伝統的な性役割二元論が根強く、議会も内閣も男女共同参画社会とはほど遠いこの国の現状を打開するには？　近未来社会の参照デザインとして、実験国家スウェーデンから学ぶための指南書。　四六判並製　1900 円＋税

日本・スウェーデン交流150年

978-4-7791-2460-0 C0020(18.04)

足跡と今、そしてこれから　　岡澤憲芙監修／日瑞150年委員会編

日瑞 150 年の交流の歴史がこの 1 冊に凝縮。第一部で 150 年の両国交流の歩みを、第二部でスウェーデンから学ぶべき今とこれからの現状を、スウェーデン通の識者があらゆる分野から分析。皇室と王室の交流、歴代両国大使名簿等、資料も網羅。四六判上製　4200 円＋税

春は八月に来た

978-4-88202-517-7 C0097(99.03)

Kevät tuli elokuussa　　セッセ・コイヴィスト著／金箱裕美子訳

フィンランドの著名な動物学者の離婚をめぐるスキャンダルを、女性の自立の側から描き、「癒し」の物語として読者の感動を誘ったベストセラー。フィンランドの美しい四季と風俗が描かれ、北欧文化を知るのにも最適の書。　四六判上製　2000 円＋税

ピリタ、カルヤラの少女

978-4-7791-1378-9 C0097(08.09)

Pirita Karjalan Tytär　　カアリ・ウトリオ著／目莞《めい》ゆみ訳

少女から女性へ――壮絶に生きる姿を描くフィンランドの大河ドラマ。奴隷に売られたフィンランド人少女に何が起こったのか。水の砦に守られた伝説の富豪商業都市国家ノヴゴロド・ヴェリキイ陥落を中心にその謎に挑む歴史小説。　四六判上製　2800 円＋税

イギリス祭事カレンダー

978-4-7791-1190-7 C0026(06.09)

歴史の今を歩く　　宮北惠子・平林美都子著

1 年間の多彩な祭りでみるイギリスの素顔。クリスマスからロック・フェスまで、現在イギリスで行なわれている祭事の起源と変容を、風土・歴史・宗教・文学との関係をみながら紹介する。66 の伝統的祭事・祝日・新しいイヴェントが登場。好評２刷！　Ａ５判並製　2000 円＋税

イギリス・ヘリテッジ文化を歩く

978-4-7791-2230-9 C0026(16.07)

歴史・伝承・世界遺産の旅　　宮北惠子・平林美都子著

さあ、イギリスのヘリテッジ（遺産）を巡る旅へ。豊かな歴史・文化遺産で、観光客を魅了するイギリス。「世界遺産」のほか、神話の時代から現代まで、イギリスの「歴史的足跡」を、現代の地に辿り直す「歴史・文化の旅」。「産業遺産を旅する」、「テムズ川ヘリテッジ」等。　Ａ5判並製　2800円＋税

英国庭園を読む

978-4-7791-1682-7 C0026(11.11)

庭をめぐる文学と文化史　安藤 聡著

なぜ英国はガーデニング王国なのか――「庭園」を語り、自分の「庭」を楽しむ文学者たち。英国の「庭園史」と「文学史」をあわせて辿ることで、英国文化の特質に迫る《英国庭園の文化史》。英国内の庭園80余りを紹介。「英国主要庭園ガイド」付。好評２刷！　四六判上製　2800円＋税

大人のためのスコットランド旅案内

978-4-7791-2095-4 C0026(15.05)

江藤秀一・照山顕人編著

出かけよう、好奇心を満たす「大人の旅」へ。都市と歴史、文学と音楽、島巡りから食文化まで、スコットランド通23名が案内する魅力あふれる「スコットランドの歩き方」。スコットランド英語の特徴から、大学事情、結婚事情、ゴルフ、パブまで、コラムも充実。　Ａ５判並製　2500円＋税

ジョイスを訪ねて

978-4-88202-1925-5 C0026(13.12)

ダブリン・ロンドン英文学紀行　中尾真理著

「文学」が「旅」を豊かにする――。ダブリンの一日を描いたジェイムズ・ジョイスの『ユリシーズ』（1922）の読書会に十数年参加する著者による「ジョイス詣で」の旅。「文学」を訪ねる旅の面白さを伝える紀行エッセイ。　四六判上製　2500円＋税

アソーレス、孤独の群島

978-4-88202-925-0 C0026(05.01)

ポルトガルの最果てへの旅　杉田 敦著

リスボンから飛行機で約２時間、大西洋に浮かぶヨーロッパの最果て。タブッキが描いた捕鯨とホウェール・ウォッチングで知られ、火山活動による見事な自然景観が残り、《神が住む島》と言われる。ポルトガルに通う著者がアソーレスを見つめた紀行エッセイ集。　四六判上製　2200円＋税

バルサ、バルサ、バルサ！

978-4-7791-1265-2 C0075(07.06)

スペイン現代史とフットボール 1968-78　カルラス・サンタカナ・イ・トーラス著／山道佳子訳

「カタルーニャはスペインではない！」。社会における軋轢がピッチにあり、審判の誤審が政治問題にまで発展。「バルサ」はなぜたんなるクラブ以上の存在なのか？　これらを知るための鍵となるエピソードが満載。クラブ公認の写真も多数収載。四六判上製　2500円＋税

クロアティアのアニメーション

978-4-7791-1520-2 C0074(10.08)

人々の歴史と心の映し絵　越村 勲著

アート・アニメーションの新たな世界を切り開き、広く影響を与えた「ザグレブ派」アニメ。そこに、大国に翻弄されてきた西バルカンの小国クロアティアに生きる人々の歴史認識や心性を探る社会史の新たな試み。作品DVD付き。　Ａ５判並製　2200円＋税

◉著者紹介◉

小林 理子（こばやし・まさこ）
1965年東京に生まれ群馬で育つ。県立前橋女子高等学校から音響技術（現・音響芸術）専門学校夜間部を卒業して社会へ。初就職先のハードさに音をあげ3年半後、英会話力向上を目指し、日本人コミュニティと極力接しない覚悟で渡豪。オーストラリアを放浪中、アイスランド人のハルパ&ヘルマンと運命の出会いを果たす。ハルパが双子のママにして31歳のとき、教員養成学校の学生に戻り「人生はやり直しがきくわ。幼稚園の先生になりたいの」と言うのに触発され、人生の忘れ物、大学進学を真剣に考え始める。仕事を辞め、39歳で大学生に。慶應義塾大学文学部通信教育課程卒業（専攻は社会学）。
著書に『アイスランド紀行――氷と火の島から』（彩流社、初版2001年／増補版2007年）がある。

アイスランド紀行《きこう》ふたたび

2018年8月31日 発行　　定価はカバーに表示してあります

著　者　小 林 理 子
発行者　竹 内 淳 夫

発行所　株式会社　彩流社

〒102-0071　東京都千代田区富士見2-2-2
電話　03-3234-5931　FAX　03-3234-5932
http://www.sairyusha.co.jp
sairyusha@sairyusha.co.jp

印刷　モリモト印刷㈱
製本　㈱難波製本
装幀　渡辺 将史
カバー・口絵・本文写真　小林理子／小林清一

落丁本・乱丁本はお取り替えいたします
Printed in Japan, 2018 © Masako KOBAYASHI, ISBN978-4-7791-2513-3 C0026

◉旅の情報ノート◉

各種データは断りのない限り、2018年7月時点のものです。予めご了承ください。

【アイスランド基礎知識】

正式国名／アイスランド共和国（Republic of Iceland）

首都／レイキャヴィーク（Raykjavík）

面積／10万3000㎢（日本の北海道と四国を合わせたくらいの広さ）

人口／34万8580人（2017年12月／アイスランド統計局）

通貨／アイスランドクローナ（1SK）／1クローナ＝約1.04円

時差／日本との時差マイナス9時間（グリニッジ標準時）。サマータイムの制度はない。

気候／メキシコ湾からの暖流の影響で、緯度の割には温和な海洋性気候。首都レイキャヴィークを例に挙げれば、冬は下がっても－3℃～－5℃。夏は＋12℃～＋15℃。ただし内陸部の高原地帯や北西部の北極圏に近い地方は、もう少し厳しい気候となる。

日の出日の入り／アイスランドは北極圏に近いため、夏は太陽がほとんど沈まず、沈んでも薄暮《はくぼ》が続く。冬は昼近くまで太陽が昇らず、16時前には太陽が沈んでしまう。ただ、沈んでも1～2時間は薄暮が続く。

電圧とプラグ／220V、C型（ただし丸いくぼみのあるコンセントなので、変圧器の形状によっては、もう一つ変換プラグが必要）

電話／公衆電話はほとんど撤去されている。携帯電話はローミングサービスかプリペイド式SIMカード。ローミングがVodafoneの場合4Gしか使えない。SIMフリーの携帯端末を持っていれば、携帯電話ショップでプリペイド式SIMカードを購入し使用できる。

インターネット／Wi-Fiが普及しており、公共の場、ホテル、レストラン、カフェ等のほか、ツアーバスの車内でも使用できることがある。

【入出国】

シェンゲン協定加盟国間の入出国は国内移動と同様に扱われ、入出国時に入国審査がない。日本など協定加盟国以外から入国する場合、最初に到着した協定加盟国の空港で入国、税関審査を受ける（アイスランドへの定期便のある国では、英国と米国がシェンゲン協定非加盟）。

【査証】

シェンゲン協定に加盟している26ヵ国の国域において180日以内に最大90日までの滞在には査証は不要である。ただし、パスポートの残存期間が出国予定日より3ヵ月以上残っていることが必要。

【祝祭日】 *は年によって日が変わる移動祝祭日

1月1日　新年
*3月末〜4月初　復活祭（イースター）前後の木〜月曜
*4月19日〜25日の木曜日　夏の始まりを祝う日
5月1日　メーデー
*5月〜6月　復活祭の40日目の木曜日　キリスト昇天祭
*5月〜6月　復活祭の50日目の日曜日　聖霊降臨祭
*5月〜6月　聖霊降臨祭の翌月曜
6月17日　独立記念日
*8月最初の月曜日　商業の日
12月24日〜25日　クリスマスの連休
12月26日　ボクシング・デー
12月31日　大晦日

【ビジネスアワー】

▼オフィス／月〜金9：00〜17：00

▼銀行／月〜金9：00〜16：00（週末／祝祭日休業）

レイキャヴィークをはじめ大きな町には24時間利用可能なATMがある。

▼商店／一般的に月〜金は9:00〜18:00。土曜は10：00開店で、閉店時間は

店によって14：00～17：00まで幅がある。日曜日は多くが閉店する。

▼ショッピングセンター／10：00開店。木曜以外は18：00～19：00まで、木曜は21：00まで。日曜・祭日は閉店だったり、営業時間が短縮されたりする。

【郵便】

主な町や村には必ず郵便局がある。通常、月～金の9:00～18:00。日本への航空郵便料は50グラムまで285ISK。切手は、郵便局のほか、スーパーマーケットや土産屋、ホテルのレセプションなどでも購入できる。

【クレジットカードと両替】

ほとんどの場所でクレジットカード（VISA、Master）が使用できる。ICチップがついているクレジットカードなら、機械に差し込み暗証番号を打ち込むだけでOK。ただし、市内路線バス等現金のみの扱いがあるので少額の現金は必要。クレジットカードを持っているのであれば、両替は最小限の金額にとどめておきたい。

両替には3つの方法がある。(1) 銀行での両替。銀行の営業時間のみ、紙幣1枚の両替につき手数料が450ISKかかる。(2) 両替所での両替。ダウンタウンや大きなホテルなど、土日や夜遅くまで開いているところが多いので便利だが、10％以上の手数料がかかる。(3) ATMでの引き出し。銀行のデビットカードを持っているのであれば、これが一番便利。24時間いつでも引き出せて、手数料は時間に関係なく1回155ISK（ただし引き出し限度額がある）。

【付加価値税（VAT）と払い戻し】

アイスランドでは25.5％（宿泊費、食品、書籍などは11％）の付加価値税（VAT）が課せられているが、「TAX FREE」と表示のある店で1回4,000ISK以上の買い物をした場合、払い戻しを受けられる。購入時のリファンド・バウチャー（Refund Voucher）を受け取り、空港のリファンドカウンターで払い戻しを行なう。アイスランドクローナ、ユーロ、米ドルもしくは後日、ク

レジットカードへの入金で払い戻しを受ける。

【緊急時】

現地でトラブルにあったときなどは、日本大使館の職員の助けを借りることもできるだろうが、トラブルには十二分に気を付けていただきたい。万一のため、以下に大使館等の連絡先を記述しておく。

▼在アイスランド日本国大使館

Embassy of Japan in Iceland
Laugavegur 182, 105 Reykjavík
http://www.is.emb-japan.go.jp
Tel: +354 510 8600 ／ Fax: +354 510 8605
Email（代表）：japan@rk.mofa.go.jp
開館時間 : 月曜～金曜 8:30～12:00／13:00～17:15
領事窓口 9:00～12:00／13:00～16:00

▼警察と救急車／ともに電話は 112

【ハイシーズン（夏）とオフシーズン（冬）】

夏季は涼を求めて多数の観光客がアイスランドにやってくる。高級ホテルからバックパッカーズ向けの安宿まで、宿泊施設も早め早めに手を打たないと満室になってしまう。冬に比べ、デイ・ツアーのバスも増便はされるが、それでも予約が取りにくい。各観光地にもお客がどっと押し寄せる。

それに比べオフシーズンは、宿も予約が取りやすい。が、およそ 5 月の中頃までは地方の宿は閉鎖しているところが多い。しかし以前に比べ、4 月あたりから営業を開始する宿も増えてきてはいる。バスでのデイ・ツアーも催行中止となるものが多く、注意が必要。オフシーズンの見どころはやはりオーロラ。こればかりは天気に左右されてしまうが、オーロラ観測のみを目的にやってくる観光客も多い。オーロラウォッチングするなら防寒対策はしっかりと。

【レイキャヴィークの市内観光】

▼ツーリスト・インフォメーション

ダウンタウンにあり、夏季は8:30〜19:00／冬季は9:00より平日18:00、土曜16:00、日曜14:00まで営業しており、観光の相談やホテル、エクスカーションツアーの予約ができる。また、数多くの観光パンフレットを無料で入手できる。

▼レイキャヴィーク・シティ・カード

市内を観光するのに便利なチケット。24時間、48時間、72時間の3種類のカードがある。24時間用で3,800ISK、48時間用で5,400ISK、72時間用で6,500ISK。

《このカードで無料利用できるもの》

市内バス／ヴィーズエイ（Viðey）島行きフェリー／温泉プール（7ヵ所）／レイキャヴィーク市立美術館（Hafnarhús／Kjarvalsstadir／Asmundarsafn）／国立美術館／国立博物館／レイキャヴィーク市博物館／レイキャヴィーク市海事博物館（Reykjavík Maritime Museum）／レイキャヴィーク市写真博物館／レイキャヴィーク動物園／アウルバイル野外民俗博物館【そのほか私設博物館、レストラン、ショップ、観光施設等で10〜50%程度の割引がある】。

▼市内バス

朝7時くらいから深夜24時くらいまで20〜30分おきに出ている。休日は本数が少なくなる。乗り換えが必要なところに行きたいときは運転手に告げると、75分間の乗り換えチケットがもらえる。1乗車460ISK。コインのみ使用可でおつりは出ず、車内両替もできない。

【国内の移動】

▼空港バス（国際空港シャトルバス。名称：Flybus）

ケプラヴィーク国際空港（KEF）よりレイキャヴィークまで約60分、運賃は2,950ISK（レイキャヴィーク市内のBSIバスターミナルまで。ホテルへは追加料金がかかる）。

▼国内線

レイキャヴィーク市内のレイキャヴィーク空港(RKV)より出ている。アイスランド国内各地およびグリーンランド行きの飛行機は、ここから出る。

▼フェリー

◉アイスランドへ

夏の期間週1便、スミリルライン(Smylril-line)がデンマークのヒアツハルス(Hirtshals)からフェロー諸島を経由して、アイスランドの東側の終点セイディスフィヨルドルまで運航している。所要時間は約47時間。

フェリーを降りてからバスに乗り換えレイキャヴィークまで行くとすると、夏季で丸2日かかる。

◉ヴィーズエイ島へ

シティ・センターから徒歩20分ほどのスカルファバッキ(Skarfabakki)より出ている。昼間のみの運行(冬季は1日2〜3便)。所要時間は5分〜10分。

▼長距離バス

BSIバスターミナルより出ている。島を一周しているルート1を走るバスは1日1便だが、祝日は運休することがあるので注意。地方都市へのバスも1日1〜3便程度。

▼タクシー

基本料金600ISKプラス走行距離(1km 276ISK/夜間、休日割増有)。ケプラヴィーク国際空港(KEF)からレイキャヴィーク市内まで約15,000ISK/ブルーラグーンからKEFまで約7,000ISK。

▼レンタカー

HertzやAVISなら日本で予約しておき、空港でピックアップできる。4輪駆動車はもちろんキャンピングカーのレンタルもある。市内には格安レンタカーもあり、ホテル等にチラシが置いてある。

▼レンタサイクル

市内観光用の自転車から、ロングツーリング用バイクや荒野を走るマウンテンバイクまで各種ある。ヘルメットと鍵付きで1日5,000ISKくらいから(アイスランドで自転車に乗るときはヘルメット着用が義務づけられている)。

【交通事情】

車は右側通行、ラウンドアバウト式交差点が多い。交差点の手前1キロほどから標識があり、200〜300メートル手前に段差がある。

制限速度は、レイキャヴィーク市内50km/h／郊外砂利道80km/h／舗装された道90km/h。昼間もライト点灯のこと。

ガソリンスタンドはセルフ方式、郊外ではドライブインやスーパーマーケットが併設され、銀行のATMが設置されているところもある。

空港と市内の駐車場は有料だが、観光地・観光施設には無料のところが多い。違法駐車も多いが、駐車違反の取り締まりもあるので、念のため駐車場を利用した方が安心。

【服装】

季節に関係なく、日本の服装プラス1〜2枚といったところ。夏は東京の4月末くらいの服装がちょうどいい。建物内は暖房が効いているので重ね着できる服装がよい。野外は風が強く、雨も多いため、防風できるウインドブレーカーとレインスーツも必携(傘はほぼ使えない)。冬季のオーロラウォッチングには相応の防寒服の用意を。

【宿泊】

▼ホテル

以前と比べホテルの数は格段に増えている。またアイスランド観光局では、ホテルを★1つ〜★5つまでの5ランクにランク付けしている。★1つのアウトバス(共同のバスまたはシャワー)のホテルから、★5つのプールやフィットネスクラブのあるホテルまで、予算に合わせて多くの宿泊施設が予約サイトから検索・予約ができ便利。

▼ゲストハウス

レイキャヴィーク市内には多くのゲストハウスがある。アウトバスで簡素なベッドルームだが、個室からドミトリー式もあり、限られた予算の旅行者に好評。しかしながら夏場の観光シーズンには予約が取れないこともあるので、早めのアクションを。

▼ユースホステル(YH)

国内には34のユースホステルが営業している(季節営業のところがあるので注意)。一部のユースホステルは、日本ユースホステル協会のサイトからオンライン予約できる。他のユースホステルもメールで問い合わせや予約ができる。

▼学生寮

夏の間だけ高校の寄宿舎が開放される。ツーリスト・インフォメーションで予約できるが、人気があるため予約は取りにくい。

▼キャンプ場

国内に170のキャンプ場がある。観光地付近に多くあり、滝の近くでキャンプできるところも魅力的だ。6月から9月くらいまで開設。トイレと自炊施設が完備されているが、食料品店がかなり離れているところもあり注意が必要。ツーリスト・インフォメーションで予約できる。

【食事】

▼レストラン

肉料理がメインの店とシーフード料理がメインの店とに分かれる。肉料理はビーフかラムが中心で、どちらもアイスランド国内で飼育されたもの。ラムはくせがなくおいしい。シーフードはサーモンやタラ、手長エビなど、アイスランド近海でとれた魚介類が中心。レイキャヴィーク市内の中心部であれば夜22時過ぎまで食事ができる。また、チップの習慣はとくにない。

▼ファストフード

ピルサ(pylsa)はいわゆるホットドック。町のスタンドで販売されている。ユンボ(Júmbó)はパンにローストビーフやチキン、卵、シーフードが挟んであるサンドイッチ。スーパーマーケットやガソリンスタンドの売店で買うことができ、手軽な食事として重宝する。2009年にマクドナルドが撤退した後、店舗数を増やしたのがSUBWAY。レイキャヴィーク市内各所にある。

▼アイスランドの伝統料理

年に1回は伝統料理を食べようという週があるくらい、現在のアイスランド人にとっては頻繁に食べる料理ではなくなってしまった。寒い冬の保存

食として発展したので酢漬け、塩漬け、燻製《くんせい》がほとんどで、それもきつめである。試してみたい人はヴァイキング・ヴィレッジ（ハフナフィヨズルにあるヴァイキング・フェスティバルが行なわれる場所。ホテルやレストラン、ライブハウスが通年営業している）のレストラン等で、現代風にアレンジした料理を提供しているのでお試しを。

▼自炊

B&B（ベッド・アンド・ブレックファスト）やゲストハウスは自炊の設備があるので、スーパーマーケットで食材を調達すれば倹約できる。肉や魚は量り売りのスーパーで買えば無駄がない。醤油やお米など日本食用の材料も簡単に手に入るが、味噌はまだそれほど普及していないので価格が高め。

▼水

濾過《ろか》しただけのピュアな水なので水道水がそのまま飲める。ただし、お湯は硫黄《いおう》臭い。混合水栓の時は、水にして冷たくなるまで待たないと温泉臭い水を飲むことになる。

▼お酒・タバコ

以前はスーパーでもお酒が買えたが、現在は酒屋のみとなっている。酒屋はレイキャヴィーク市内には9店しかない（営業時間は、月～木／土 11：00～18：00／金 11：00～19：00）。ブレニヴィン（Brennivín）は芋類を主原料にした蒸留酒で、ハーブで風味付けしてある。アルコール度数は40度くらいと高いが、口当たりがよくクセがないため、量が進んでしまう。別名「ブラック・デス」といわれるゆえんである。キンキンに冷やしてショットグラスで一気に飲む。

ちなみに、アイスランドの飲酒可能年齢は20歳以上、喫煙は18歳以上（ただし屋内での喫煙は全面禁止）。

【ショッピング】

▼ショッピングセンター

◉クリングラン（Kringlan Shopping Mall）／ダウンタウンからバスで10分ほどのところにある、レイキャヴィークに古くからあるショッピングセンター。ブティック、本屋、CDショップ、電化製品店、台所用品店、銀行、携帯

電話店、スポーツ用品店、スーパーマーケット、ギフトショップ、映画館やレストラン、フードコート等、150を超える店がある。ダウンタウンのツーリスト・インフォメーション横より、無料送迎ワゴンバスがある。

◉スマゥラリンド（Smáralind shopping center）／レイキャヴィーク隣町のコゥパヴォグルに新しくできたショッピングセンター。クリングランより規模が大きく、クリングラン同様多くのショップとアミューズメント、マルチスクリーン映画館もある。道を隔てた向かいにはトイザらスや大型スポーツショップ、大型電気店等もあり一大ショッピングエリアといった感じだ。

◉ファキサフェン（Faxafen）／クリングランより東へ1キロほど行ったところにあるショッピングエリア。アイスウエアの大型店やGAP、66°NORTH等の衣料品店、ファニチャーショップ、スーパーマーケット等10数店舗の店がある。一店一店、独立した建物にあるため店舗の規模が大きい。

▼スーパーマーケット

◉ハグカウプ（HAGKAUP）／衣料品から食料品まで揃う総合スーパー。肉や魚の対面販売やデリカテッセンもある。

◉ボーナス（BÓNUS）／近年店舗数を増やした、食料品と日用品に特化した激安スーパー。肉や魚はすべて冷凍のままパッケージングされている。生鮮品売り場全体が冷蔵庫になっている。ユンボに似たサンドイッチが200～300ISKで売られている。

◉ 10-11／食料品と日用品に特化したスーパー。以前よりは店舗数が減ってはいるが、まだまだ健在。名前のとおり朝10時～夜11時まで営業している（一部は24時間営業。ちなみにアイスランドにコンビニはない）。

▼専門店

◉アイスランドウール（ウール製品）／アイスランドの厳しい自然の中で育った羊の毛を使用したアイスランドウールのニット製品は軽くて暖かく、世界でも高級品と言われている。伝統的なデザインから最新デザインまで取り揃え、英国製の高級ウール製品と比べると割安感がある。

◉ 66° NORTH／アイスランド製アウトドアウエアのショップ。アイスランド人なら必ず数着は持っているといわれるほど大人気で、ジャケット等、冬向けのウエアが中心。価格は欧米の有名アウトドアウエアと同じ位でニット

帽で4,000ISK、ジャケットで50,000ISKくらいから。

◉ Flying Tiger Copenhagen／日本にも進出しているコペンハーゲン発の日用雑貨の均一ショップ。99ISKから800ISKくらいまでと手頃な価格設定。アイスランドでしか置いていない商品もあるのでお土産探しにもいいかも。

【美術館・博物館】

◉レイキャヴィーク市立美術館／市内に3館ありアイスランド人作家による作品を中心に展示。シティ・カードが使える。

◉国立美術館／古くから伝わる美術品を展示。シティ・カードが使える。

◉国立博物館／サガなどの古典文学の写しや、最初の移住の時代から現代までのアイスランド人の歴史や生活、芸術、文化等を展示。シティ・カードが使える。

◉私設の博物館

サガ博物館(Sögusafnið / Saga Museum)／サガの文学の場面を蝋《ろう》人形によって展示している。

オーロラ資料館(Aurora Reykjavík)／オーロラをハイビジョンの映像によって再現しているミュージアム。オーロラの雰囲気を楽しめる。

火山ハウス(Volcano House)／アイスランドの火山の噴火のドキュメンタリー映画を上映。[Tryggvagata 11, 101 Reykjavík]

◉その他ギャラリー／新鋭のアーティストたちが市内各所にギャラリーを開いている。市内を散策しているとよく見かけるので、覗いてみると面白い。

【音楽】

アイスランドは小国でありながら多くのミュージシャンが活動している。ジャンルもクラシックや教会音楽をはじめ、ジャズやロックなど多岐にわたる。新しくベイエリアにできたコンサートホール、ハルパ(Harpa)では主にクラシックやジャズのコンサートが行なわれている(コンサートのない日はホール内を見学することもできる)。週末になるとロック系のライヴがバーやクラブで行なわれる。10月もしくは11月の2日間行なわれるミュージックフェス、アイスランド・エアウェイブス(Iceland Airwaves)はアイス

ランドの一大音楽イベント。内外のミュージシャンがレイキャヴィークのいろいろな会場でライヴを繰り広げる。

【アクティヴィティ】

◉エクスカーションツアー／ゴールデン・サークル等、レイキャヴィーク郊外の観光地までは、公共の交通機関がほとんどないか本数が少ないため、車で行く以外はエクスカーションツアーに参加することになる。半日のコースから宿泊付きで数日のコースまで各種あり、ツーリスト・インフォメーションに詳しいパンフレットが置いてある。空席があれば当日でも申し込めるが、人気のコースは満席になることがあるので早めの予約を。

◉イマジン・ピース・タワー（Imagine Peace Tower）／オノ・ヨーコがジョン・レノンの追悼と世界平和を祈り建設した光のタワーで、ヴィーズエイ島にある。ジョン・レノンの誕生日10月9日から命日の12月8日までと大晦日、春分の日の1週間の間に点灯される。光のタワーはレイキャヴィーク市内からも見ることができる。

◉温水プール／レイキャヴィーク市内に7つの公営プールがあり、もちろんすべてが温水（温泉）プールである。ホットエリアとサウナが備えてあり、早朝7時頃から夜21時、22時頃まで営業している。入るときにはシャワー室で全身を消毒剤で洗ってからプールへ。

◉温泉／残念ながら、レイキャヴィーク周辺にはブルーラグーンと一部高級ホテルのスポーツジムに併設されたジャグジー以外に温泉施設はない。

◉ホエールウォッチング／アイスランドでは手軽にホエールウォッチングができる。レイキャヴィークの港から船でほんの数キロ沖合に出ただけで、高い確率でクジラに出会える。

◉オーロラウォッチング／9月から3月にかけてオーロラが出現する。夜、天気が良ければ高い確率で見ることができる。市内でも鑑賞できるが郊外ではより好条件。

【アウトドア・スポーツ】

◉サイクリング／自動車のために整備された道路は自転車も快適に走れる。

車も自転車を見るとスピードを落として通過してくれるので、あおられることもあまりなく安心。ただ、郊外に出ると舗装されていない道も多いので、ロードバイクよりマウンテンバイクの方が快適に走れる。夏の期間はロングツーリングも可能で、楽しめる。前述のとおり、アイスランドでは乗車時ヘルメットの着用が義務づけられている。

◉**乗馬**／アイスランド独特の馬は背が低く足がしっかりしているので、長く乗っていても疲れにくいとのこと。また気性もやさしいので初心者も安心して乗馬が楽しめる。レイキャヴィーク近郊でも乗馬ツアーが楽しめる。

◉**ハイキング**／ゴールデン・サークルや南海岸のツアーに参加するだけでも結構歩きでがあり、ハイキング気分が味わえる。本格的なものとしては内陸部高原地区を中心に多くのハイキングコースが夏場のツアーとして用意されている。しかしハイキングといっても、日本人の感覚では登山に近いものであり、しっかりとした装備を。また、ガイド付きツアーへの参加を勧める。